保育・教育 実践テキストシリーズ

障害児保育

保育実践の原点から未来へ

七木田 敦・松井 剛太／編著

樹村房
JUSONBO

はじめに

　数年前になりますが，オーストラリア・シドニーの保育園を訪問する機会を得ました。同国の中でも，きわめて先進的な取り組みをしていることで知られる大学附属の保育園でしたが，なかでも'見える保育'に積極的に取り組んでいることに興味をもちました。
　たとえば，保育園の入り口には保育者全員の顔写真と名前がありました。保育の記録も，写真や製作物をファイルに入れて園児一人ひとりのものがいつでも取り出せるようになっていました。そして驚いたのは，玄関ホールには大型ディスプレイが置かれ，迎えに来た保護者がその日の保育を写真で確認できるようにしていました。あらゆることに説明責任が求められるようなっている現代，保育の世界にもその波が来ているのかもしれません。
　園長を兼ねている大学教授に「配慮の必要な子どものための指導計画はあるか」と尋ねました。これだけ保育を記録しようと心がけている園ですから，詳細な記録があってしかるべきと思ったのでした。園長の答えは「そういうものはない」とのことで，理由を問うと，「保育というものは，すべての子どもに個別の指導計画が必要です。障害の有無は関係ありません」という返答でした。
　今日では，保育実践の場でも，LDやADHD，アスペルガーなどといった言葉をよく耳にするようになりました。また各地で，このような子どもへの対応や支援についての研修会や講演も多く開かれています。とくに学齢期以降では，LD（学習障害）・ADHD（注意欠陥／多動性障害）・高機能自閉症・アスペルガー症等を対象に加えた「特別支援教育」が平成17（2005）年度から始まっていて，さまざまな研究や実践の蓄積があります。すでに新しい制度が施行されている小学校へ子どもたちを送り出す保育所・幼稚園では，このような制度について知っておくことが必要です。
　ただ，この新制度の眼目は，「障害のある児童生徒一人一人の教育的ニーズに応じて適切な教育的支援を行う」ということを強調しているところにあります。特別支援教育に向けて大きく変わろうとしていく学齢期の教育ですが，もちろん障害児保育においてもその変化と無関係ではありません。ただ保育者に

とって，この「一人一人の教育的ニーズに応じて適切な教育（保育）」という考え方は，とても受け入れやすいものではないでしょうか。保育では，「一人一人の育ちを把握」することが保育者にまず求められますし，その子にあった適切な保育をすることは日常で行っていることです。前述のシドニーの園長ではありませんが，それこそが'保育の原点'だからです。

　本書を刊行するにあたって，その'保育の原点'から'保育の未来'につなげるような視点で，保育実践の教育に携わる先生方に書いていただきました。おりしも保育士養成課程のカリキュラム改訂により，「障害児保育」の教科目が従来の1単位から2単位に増え，その重要性が改めて示されたところです。

　本書は，まず理論編として，1章・2章で，保育における「障害」の捉え方や保育者の心構え，そして子どもの発達の概説と関連する理論について述べました。次に，理論編を踏まえた実践編として3章・4章において，しっかりと子どものことを理解したうえで実践に入ることの重要性と子どもを理解するアセスメントの方法，そして，園全体で取り組むべきこととして保育カンファレンスの方法を具体的に説明しました。最後に，協働編として5章・6章・7章では，障害のある子どもをもつ保護者の特徴と対応について，医療機関や行政機関などの関係機関との連携，保育で行ってきた支援を小学校につなげるための就学支援のあり方を記しています。

　このように，本書はまさに新カリキュラムに対応した内容となっております。保育者を志す方々に，障害児保育は「障害」に対応する「特別な方法」を学ぶことではないことを，本書を通して理解していただければうれしく思います。またすでに保育者として子どもとかかわっている方々にも'保育の原点'に立ち返る機会となれば幸いです。障害児保育の明るい未来を願って，本書を「障害児保育」の授業や，その実践現場においても，あるいは，そこでの振り返りの際にも，活用していただくことを期待してやみません。

　　　平成23年1月

　　　　　　　　　　　　　　　　　　　　　　　　編著者　七木田　敦
　　　　　　　　　　　　　　　　　　　　　　　　　　　　松井　剛太

障害児保育
保育実践の原点から未来へ

も く じ

はじめに　i

1章　障害児保育とは ………………………………………………1
1　障害児保育とは何か …………………………………………1
1．「障害」とは
2．障害児保育がめざすもの
3．障害児保育とは何か
2　障害のある幼児をどうみるか ………………………………5
1．「保育」の対象として
2．「発達」する存在として
3．「学ぶ」存在として
4．「かかわる」存在として
3　保育者の「心構え」は ……………………………………10
1．情報を収集する
2．保育環境を整備する
3．園内体制をつくる
4．丁寧な保育を心がける
4　障害児保育と特別支援教育 ………………………………17
1．特別支援教育への転換
2．発達障害と保育を取り巻く状況

2章　障害と発達 …………………………………………………25
1　発達とは何か ………………………………………………25
1．発達とは

2．乳幼児期の発達について
　　3．知能の発達
　　4．身体の発達
　　5．視覚の発達
　　6．聴覚の発達
　　7．情緒の発達
　2　発達理論 …………………………………………………………… 44
　　1．愛着理論
　　2．認知的発達理論
　　3．文化歴史的発達理論
　　4．情動の発達理論
　　5．発達をふまえた保育

3章　障害児理解の方法 ……………………………………………… 53
　1　障害が発見されるまで …………………………………………… 53
　　1．障害の発見と療育の開始
　　2．比較的早期に障害が発見される場合
　　3．障害の発見に時間がかかる場合
　　4．入園にあたっての保育者の意識
　2　保育現場でのアセスメント ……………………………………… 58
　　1．アセスメントとは
　　2．子どもの実態に関するアセスメント
　　3．入園にあたってのアセスメント
　　4．検査結果の活用
　3　障害児保育にかかわるさまざまな要因 ………………………… 67
　　1．クラス集団と園全体の支援体制
　　2．担任の役割と支援の形態
　　3．子ども同士の関係
　　4．クラスの保護者に理解を求める

4章　障害児保育の実際 …………………………………………………79

1　保育実践における支援仮説と協働の重要性 ……………………79
1．実践は"How to"ではない—支援の仮説づくり—
2．働く仲間同士が知恵を出し合う—保育カンファレンスをしよう—

2　保育実践における支援仮説の作成プロセス ……………………81
1．支援仮説の検討の前にやっておくこと
2．個別の指導計画の作成—支援仮説の「着眼点」と「考え方」—

3　保育実践における支援仮説の実行と展開 ………………………98
1．保育実践に"活かされる"個別の指導計画とは？
2．保育実践を創造的に広げ，深めるためには？

4　保育実践における協働の進め方 …………………………………108
1．保育実践におけるカンファレンスの目的・意義
2．生産的にカンファレンスを進めるためには？

5　一人の支援を考え続ける営みは"保育実践の原点" ……………116

5章　保護者支援の実際 …………………………………………………119

1　子どもの育ちを中心に置いた保護者支援 ………………………119
1．障害のある子どもと保護者へのインテーク事例
2．障害のある子どもへのかかわりの発達プロセス

2　保護者が積極的に療育参加するために …………………………122
1．障害受容の過程—支援事例—
2．障害受容と葛藤
3．障害児通園施設の療育と障害受容

3　療育のキーパーソンによるソーシャルワーク …………………125
1．障害のある子どもと保護者へのソーシャルワーク
2．障害のある子どもと保護者へのソーシャルワーク実践事例
3．キーパーソンを中心としたソーシャルワーク

4　協働ソーシャルワーク研修による保護者支援 …………………130

6章　関係諸機関との連携 …………………………………………………133
1　なぜ今「連携」が必要なのか？ ………………………………………133
1．「障害児保育」に関する近年の動向
2．障害のある子どもを取り巻く環境
2　障害のある子どものための関係機関 …………………………………138
1．関係機関の概要
2．地域資源の活用
3　ネットワークの一員としての保育所・幼稚園 ………………………144
1．障害のある子どもの発達支援システム
2．関係機関との連携の視点—「パースペクティブ」と「ベクトル」—
3．「保育的対応」の効果
4　「連携」を進めるために …………………………………………………151
1．園内での連携体制のポイント
2．相手を知り，自分を知ること
5　関係機関の連携と「地域で暮らす」障害児 ……………………………155
1．「子育て」をベースに支援をする保育者
2．コミュニティ・ケアを進めるために

7章　就学に向けて …………………………………………………………159
1　適正な就学に向けた指導 ………………………………………………159
1．就学義務について
2．就学に関する制度
3．専門家からの意見聴取
4．就学指導を行ううえでの配慮事項
2　就学に向けた保護者支援 ………………………………………………166
1．わが子を受け入れ，豊かな人生を築いていく
2．さまざまな就学先を知る
3．体験入学や就学相談会に参加する
4．保護者の心情に寄り添う就学相談

③ 保育所・幼稚園と小学校の連携 …………………………………169
  1．保幼—小の連携の推進
  2．保幼—小連絡会の充実
  3．研修会の参加や専門家によるアドバイス
④ 早期からの一貫した就学支援 ……………………………………171
  1．「個別の教育支援計画」について
  2．「個別の就学支援計画」と就学指導委員会のあり方
  3．「個別の就学支援計画」から実際の支援へ
  4．「個別の就学支援計画」の作成例
  5．就学後のフォローアップ

引用・参考文献 ……………………………………………………………183
さくいん ……………………………………………………………………187

■■■トピックス一覧
  1：環境剥奪と発達の柔軟性……………………………………………22
  2：「軽度発達障害」に対する誤解………………………………………76
  3：病弱「医療的ケアを必要とする重症心身障害児について」…………179

1章 障害児保育とは

　一人ひとりの子どもの問題は，まさに個別的であり，個々のニーズに即して対処しなくてはならない。この意味において，障害児保育は，「保育」の基本といえる。
　障害児保育を実践するにあたっては，保育者は，障害について正しい知識をもつべきであるが，障害にとらわれすぎて，子どもの真の姿を見失ってはならない。
　本章では，障害児保育を実践するにあたり，障害児保育がめざすこと，またそれにあたる保育者の心構えについて述べる。

1 障害児保育とは何か

1．「障害」とは

　まずは「障害児保育」を「障害のある乳幼児のための保育」と軽く定義しておこう。乳幼児期は，適切な保育により発達の可塑性（かそせい）が期待できる時期であり，それは障害のある子どもも同様である。また乳幼児期の障害や発達の遅れは，心身に及ぼす内的あるいは外的要因に影響されやすく，適切な保育と環境がきわめて重要な意味をもつものである。さてここでいう「障害」とは何だろうか。
　一般に「障害」と記されているが，近年ではこのほかに「障がい」「障碍」などの表記が見られるようになってきた。辞書でみると「障」とは，「さまたげ，差し支え」の意味があることがわかる。ところが「害」となると「悪い結果や影響を及ぼす物事」とあり，用語として「害毒，損害，害虫，薬害……」

図・表1-1 「国際生活機能分類―国際障害分類改訂版―」(ICF)

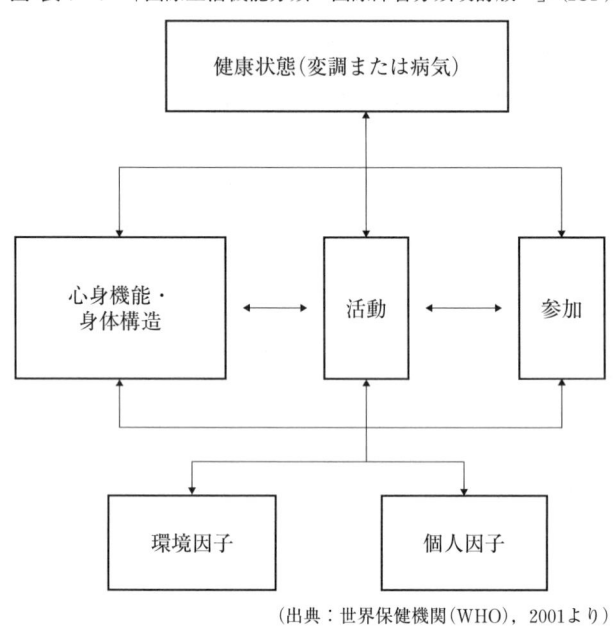

(出典：世界保健機関(WHO)，2001より)

とことさらイメージがよくない。

　そのため「障害」は「差し障り害をなす」というような誤解を生じることとなっている。正式には「障碍（しょうがい）」であり，この場合「碍」とは「妨げられる」の意味になる。つまり，「機能に差し障りがあり，活動を妨げられる」状況をいうのであって，「障害」が暗に意味するように「能力が劣って，他者に悪い影響を与える」というものではない。

　「国際生活機能分類」（WHO，2001）では人間の生活機能と障害について，「心身機能・身体構造」「活動」「参加」の3つの次元および「環境因子」等から影響を及ぼす因子で構成されており，障害の程度というものは絶対的なものではなく，環境やその他の要因で重くも軽くもなると，図に表している。これを保育に即していえば，乳幼児を取り巻く環境（物的のみならず人的も）によっても，その状態や状況が大きく異なるといえる。

2．障害児保育がめざすもの

　さて実践場面では「障害児保育」は何をめざすべきか。本書では次の3点を強調したい。

（1）　子ども一人ひとりに配慮した保育

　障害のある幼児は，入園して初めての集団生活を経験する。それまでの生活経験の有無がそのまま発達の個人差につながる幼児期においては，入園前までの幼児一人ひとりの生活経験や発達，行動特性，興味・関心などについて理解を深め，それらに応じて保育をすることが求められる。幼児一人ひとりの特性を見きわめ，どの幼児もかけがえのない存在として大切に受け止めることが，まずは障害児保育の基本の一つである。

（2）　計画性のある，見通しをもった保育

　わが国では伝統的に，幼児の主体性を大切にした保育を普及してきた。これを端的に「自由保育」といい，そのため一部には「放任保育」との誤解も生じている。多くの有能な保育者は幼児の主体的な遊びや活動のなかに，発達の芽やきっかけを見つけ，無意図を装って働きかける。またこのような「企み」は，一日の保育だけで終わらず，週ごと，学期ごと，あるいは年間計画のなかに組み込まれる。

　このような目に見えない指導が保育を特徴づけているが，これを「放任保育」と呼ばれては，保育者の立つ瀬がない。とくに障害のある幼児においては，療育機関や家庭との連携を図りながら，就学に向けて見通しのある保育をする必要がある。これに加えて，前述した保育の「見えにくさ」を頭に入れ，家庭や関係機関に日常の保育が計画的に行われていることが説明できる配慮も必要になる。

（3）　共に育つ保育

　障害があっても健常な子どもと分離して教育するのではなく，共に学ぶ，すなわち障害のある子どもと障害のない子どもからなる通常の集団を用意するノーマライゼーション（normalization）という思想により，統合保育が進め

られてきた。その利点は，障害のある子どもは生活経験の拡大や，心理的にも安定感，満足感が得られる，また健常児にとっては，障害のある子どもに対する理解や意識が助長され，望ましい人間関係が育成される，といったことが挙げられる。

　ただ障害のある幼児と健常幼児の保育が，統合されたといっても，時間と空間が共有されただけで，障害のある幼児は健常児の中で「お客さん」のように扱われ，周りの幼児と望ましい関係が育たないといった批判も少なくない。また社会がそうであるように，周りの健常幼児もこの環境から得るものがなければ意味がない。ICFの考え方にもあるように，障害のある幼児とそうでない幼児が共に育つ環境が必要である。

3．障害児保育とは何か

　さてここで再び「障害児保育」とは何か，と「問い」をたててみよう。さきほど軽く定義しておいた「障害のある幼児のための保育」では，十分説明できない，何か言い足りない，ことに気づくかもしれない。まず前述した「障害児保育がめざすもの」は，**注意深く読むと障害のある幼児だけでなく，広く幼児一般にいえる**ことがわかる。

　「一人ひとりを大事に」し「計画性」をもって「共に育つ」保育とは，保育の基本中の基本である。言い換えれば，「障害児保育」のなかに保育のエッセンスが詰め込まれているといっていい。

　さらに「障害児保育」が，障害の改善や軽減といった「障害のある幼児のため」ではなく，その他の幼児，さらには保育者，加えて保護者のためにもなる可能性をも有することを頭の隅に入れておこう。

2 障害のある幼児をどうみるか

1.「保育」の対象として

　障害のある乳幼児の通園施設の場としては，**厚生労働省が所管**[1]している児童福祉施設と，**文部科学省が所管**[2]している幼稚園とに大別することができる。現在ではあたりまえのようになっている障害児保育であるが，双方とも歴史を刻み出すのは第二次世界大戦後（1945年～）となる。

　保育所における障害児保育は，昭和49(1974)年に「障害児保育事業実施要綱」が策定されて以来，着実に拡大されてきた。当初は18園で159名にすぎなかった障害のある幼児の保育は，平成19(2007)年には7,120園で10,749名を数えるまでになった。

　一方，幼稚園における障害児保育の本格的開始は1970年代を迎えてからである。幼稚園における受け入れは，昭和49(1974)年に「私立学校特殊教育費補助」が出されはしたものの，障害児の一定以上の受け入れの制限が影響し，実際補助金を受けている幼稚園は少ないという問題を残していた。その後制定された私立幼稚園特別支援教育補助費制度により私立幼稚園においても障害児の就園が向上し，幼稚園における障害児保育は徐々に拡大してきている。

2.「発達」する存在として

　発達とは「受精から死に至るまでの時間的経過のなかで比較的持続性をもって心身の構造や機能を量的にも質的にも変化させていく過程」と定義される。
　知的の遅れが著しく，ほとんど言語をもたず，自他の意思の交換および環境

1：厚生労働省所管の通園施設はすべて児童福祉法に基づいて設置されており，一般の保育所の他に，知的障害児通園施設，肢体不自由児通園施設，難聴幼児通園施設，障害児通園事業，障害児総合通園センターがある。
2：文部科学省所管の教育機関は学校教育法に基づいており，一般の幼稚園と障害児学校幼稚部の2か所に限定されている。

への適応が著しく困難であって，日常生活において常時介護を必要とするような重度・重複障害児であっても，もちろん発達の可能性を有している。

発達を英語では「development」となる。「development」とは「de」（開ける）「envelope」（封筒）を語源とし，「（封を切るように）開け，中身を取り出す」といった状態を指す。幼児の発達とは，時間とともに次の状態が「封筒」を破り，這いだしてくるようなイメージとなる。その場合，障害があることは，「封を自分で開ける力が弱い」あるいは「封の接着が強すぎて開けられない」のかもしれない。いずれにしろ大切なことは，次の状態が準備されているということであろう。

発達といえば，「〇歳までに△□ができるようになる」「◇歳になっても〇△ができないなんて……」という標準値がひとり歩きすることがある。また，これは保育者のみならず保護者の養育ストレスの原因ともなっている。

図・表1-2は，バウアー（Bower, 1982）が紹介しているホピ族の子育ての様子である。アメリカの平原を移動するホピ族では，まだ自立歩行ができない乳児を「いずめ板」に一日の中で比較的長時間くくりつけて，狩猟に出る。ピアジェ（Piaget, J.）がいうように発達敏感期に，このような運動刺激を剝奪することで，後の独立歩行の獲得に影響を与えるとわれわれも考える。

しかしこのような子育てを受けても，通常の子育てを受けた子どもと比較して，意外にも「歩き出す」時期はほとんど同じで，後の発達にも何ら影響がなかったという。発達はこのように驚くほど「柔軟」であって，「〇歳までに△

図・表1-2 ホピ族の子育て図

（出典：バウアー，T. G. R. 鯨岡峻（訳）『ヒューマン・ディベロップメント：人間であること人間になること』ミネルヴァ書房，1982年，p. 99）

□が……」ということが，あまり当てにならないことを示している。

　保育実践の場では，「1歳前後でひとり歩き」「3歳までには，言葉を」「小学校に入るまでに，自分の名前を書く」といった「発達の常識」が支配的である。

　「障害がある」と診断された場合でも，あるいは「その疑いがある」場合でも，幼児期の発達は柔軟性に富んでいて，定型的なものでないことを憶えておきたい。

3．「学ぶ」存在として

　「3歳になるのにまだ会話ができるような言葉がありません。私が話しかけると，私の目を見て，ニッコリするのですが……。こちらの指示はだいたいわかるようです。他の子どもが，どんどん話し出しているので，お母さんもちょっと焦り気味です。保育園では絵カードを使って，言葉を教えているのですが，ほとんど効果がありません。このような指導は無駄なのでしょうか」

　上記は最近，保育士から寄せられた相談である。子育てのなかで，親が子どもの成長や発達を実感するのは，「独り立ち」から「歩行」ができたとき，そして次に言葉が言えるようになったときであろう。なかでも母親を喜ばせるのが，はじめて言えた「ママ」という言葉である。言葉の発達は，ヒトが人間となるうえで，とても大切な指標となるものである。図・表1-3は子どもの言葉が出現量を年齢とともに表したグラフである。

　一般に年齢とともに比例するように，言葉の数（ボキャブラリー）が増えてくると思いがちであるが，そうではない。たいていの子どもは2歳を境に飛躍的に言葉の数を増やすことが知られており，あまりにも増加が著しいので，スポーツ選手のスピードの増加にたとえて「ボキャブラリースパート」といったりする。おそらく，この年齢になると，声帯の機能や認知能力などの諸条件が整うためと考えられる。

　それでは，2歳までは何も起こらないかというとそうではない。この時期，表出言語はないものの，母親や保育者の「話しかけ」「読み聞かせ」の言葉を

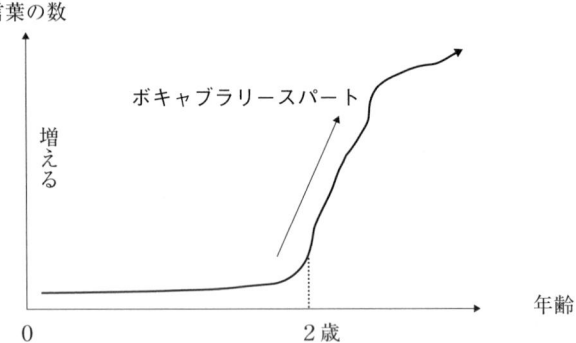

図・表1-3　言葉の増加

内部にため込んでいる時期ではないのだろうか。いわば目に見えない「学び」が起こっているのである。乳児は，大人の言葉を，自らの内部にある「コップ」のようなものに溜め込んでいるかもしれない。

　そのうち「コップ」がいっぱいになって，言葉があふれる。それが「発語」といえるだろう。乳児によっては「コップ」の大きい子ども（「学び」の時期が長くなる）あるいは小さい子ども（聞いたそばから言葉をまねる）もいる。つまり個人差である。

　乳児の言葉の「学び」には，どんな方法が望ましいだろうか？

　クールら（Kuhl, Tsao and Liu, 2003）は，乳児の「学び」について，興味深い実験を紹介している。英語を母語とし，家庭で英語のみが話されている32名の9か月児を対象に，これまでに習ったことにない言語（中国語）を教えるということを，①DVDによるテレビ学習，②実際の人間が話しかける学習，という2つの方法で習得度を比較した。もちろん①②とも，教える内容および先生も同一であった。

　結果は，実際の人間が話しかけて学んだほうが，中国語の聞き分けテストをしたところ成績がよかったと報告された。テレビにはない，生きている人間の発する「ナマ」の言葉がいかに大切かがこれでわかる。また大人が話しかけるときには，乳児の注意を引き，学習を動機づけるような社会的手がかりを作り出す。このような注意や動機づけは，テレビにはない相互のやりとりがある

「学び」には，重要な要素だと考えられるのである。

　前述したように，保育所・幼稚園では言葉が重要な発達の指標になっている。発語がないからといって，話しかけるのを止めたり，絵カードで代替する前に，十分に「学び」の時間をとっているか，また乳児の注意をそらすことなく伝えようとしているか，保育のなかで確認していく必要がある。乳幼児が「学び」をしているときは，目に見えないことが多いからである。

4．「かかわる」存在として

　乳児期は，母子関係を深いきずなとして育つことが大切であるが，幼児期になるとそれに加え，健常の幼児の中で共に「かかわりあい」「育ちあい」の経験が必要になってくる。幼児期は，遊びを通し生活経験を深めていく教育活動だからこそ，障害児保育が行いやすい。また幼児は障害の有無で友達を意識することは少なく，言葉がないからといって遊べないということもない。障害があろうと外国籍の子どもであろうと，何ができて何ができないのか，幼児自身はよく理解している。

　つまり保育者が，障害児保育をどのように理解し実践するかによって，保育そのものがよりダイナミックに展開される可能性がある。クラスの子ども一人ひとり個人差があることを理解し，グループの中に異質の幼児がかかわることで，むしろ保育活動がより大きく展開でき，より現実社会に近いものとなる。

　保育者は，誰がどこで何をしているか，つねに全体を把握し子どもから目を離さず活動を見守りながら，障害のある幼児がどのような遊びや活動のなかでなら集団参加させることが可能かを，考えることが必要である。保育者がそばで見ていることで，その顔色をうかがって「(しかたなく) 一緒に遊ぶ」というかかわりは，障害のある幼児，健常な幼児，双方にとって意味のある経験とはならない。

　また，いつもお世話をされる「赤ちゃん役」でしか仲間に加えられないということでもいけない。保育者は幼児集団の構成メンバーを把握して，どのような活動であればその幼児が参加できるか，またどのような働きかけが「大人の

押しつけ」にならないか，などを見きわめて，見通しをもった働きかけが求められる。

子ども同士で「かかわる」存在として認められ，仲間意識を有するようになるには，「○○ちゃんは特別だ」という気持ちを幼児がもたないことが必要である。

3 保育者の「心構え」は

1．情報を収集する

障害のある幼児の保育をしていく場合に，最初に必要となることはその子どもの発達や障害の状態を事前によく知っておくことである。幼児の現在の発達や障害の状態は，それぞれの障害の種類や程度とこれまでの生活の経験，親の養育状況などとも複雑にからみ合ってできている。

つまり，幼児をよく知るためにはその子どもに関して多面的な情報を集めること，すなわち「実態把握」が必要になる。実態把握は，まず「親の話を聞く」ことから始められる。次に，「子どもの発達状態を把握する（発達検査）」，そして「子どもの行動をよく見る（行動観察）」という手続きが必要である。

本章では，保育を始める前の情報収集として「親の話を聞く」際の留意点について詳述する。

子どもについて知ろうとする場合，その子どものもっとも身近にいる人（養育者，母親など）の話を聞くことから始まるのが一般的で有用である。その際に，保育者として次の2点が求められる。

(1) 親を理解する

親から話を聞く際に重要なことは，障害のある幼児をもつ親の心理状態についてである。親の多くは，子どもの障害を認めたくない気持ちや，悲しみ，罪悪感，焦燥感などの非常に困難な心理状態にある。保育者のささいな言動に対して動揺したり感情的になったりする親もいる。

また，これまでの専門機関での配慮を欠いた対応を経験してきた場合には，保育者に対しても不信感を抱いている場合が少なくない。保育者は，そういう親の心理状態を理解し，子どものよりよい成長を一緒に考えていく立場に立ち，親から話を聞くよう心がけることが望まれる。このような態度を「傾聴」といい，心理カウンセリング等で広く用いられている。

(2) 話を整理しながら聞く

親は自分の子どもにもっとも身近に接している存在だが，子どもの状態を客観的にとらえて話すことは非常に難しい。とくに困難な心理状態にあれば，なおさらである。保育者は，保育の手がかりを得るためには必要な情報は漏らさないようにできるだけ正確に聞いておくことは必要である。親の了解を得て，メモをとりながら，親の子どものとらえ方や見方を整理しながら聞いていく。

ただし，子どもの障害について認識しにくい親に対し性急に理解を求めたり，機械的に質問していくということは望ましくない。基本的には親の話の流れを妨げないように配慮しながら，足りない部分を補うように応答することを心がける。

2．保育環境を整備する

障害児保育では，一人ひとりの幼児を大切にし，主体的な人間形成を図る基盤としてとらえるならば，障害のある幼児の意欲と自発性を育てる保育環境の整備が重要である。障害のある幼児が安心して活動のできる施設・設備の整備は最低限の条件として挙げられる。

いわゆる健常児用に用意された施設・設備では，必ずしも1人の障害のある幼児に適しているとは限らない。たとえば，トイレ，プレイルームをはじめとして園舎，園庭，通用門など，実際の幼児の様子を想定して，健康・安全の観点から改善する必要がないか，考えてみることが望まれる。障害の種類によっては個別的な配慮ですむこともあるが，障害の程度によっては，施設・設備の改善を不可欠とする場合が少なくない。

障害のある幼児が意欲と自発性を育てることができる安全な保育環境を整備

写真1-1　オーストラリアの幼稚園のトイレ

することは，つい健常な幼児が遊ぶのであれば見過ごされがちな「危険性」を見つける手助けともなる。また障害のある幼児のためのちょっとした工夫が，健常の幼児のためにも役立つことがある。写真1-1は，そもそも身体障害の幼児のために取り付けた取っ手であるが，年少児や身長の低い子どもが利用する際にも役立っている例である（オーストラリア・ノースサウスウェールズ州の幼稚園にて）。

　幼児が，異年齢，異集団，異性とかかわることができる，すべり台，砂場，ブランコ，プールなどは，障害のある幼児にとって，仲間関係や社会性を育むうえで格好の遊具といえる。これらの保育設備の活用の仕方を工夫することで，障害のある幼児一人ひとりの興味を大切にし，そこから意欲と自発性を育てていくことは健常児の場合とまったく同じある。

3．園内体制をつくる

　保育者は，経験の長短，有無に関係なく，配慮の必要な幼児を自分のクラスで指導するときには悩むことが少なくない。これには幼児の理解や指導方法等がわからないことや，その子に手がかかり，他の幼児やあるいはそのかかわり

図・表1-4　実態把握から支援への流れ

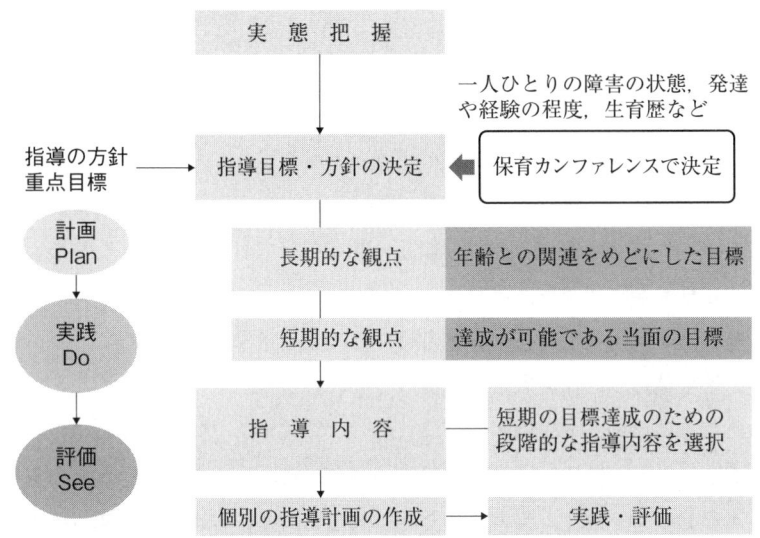

を深めるための指導が十分に行えないことが原因であると考えられる。

また，幼稚園においては，学級を1人で担任することが多く，それを支える教職員間の共通理解に基づいた支援を行うための体制が整っていない場合，1人で負担を抱え込む場合が多い。このような状況を改善していくために，障害のある幼児に対する教職員全員の共通理解を図り，園内協力による多様な指導形態や指導方法等の工夫をとおして解決すること，すなわち園内体制の整備が必要となる。以下，園内体制整備のための要点を挙げる。

(1) 情報を共有する

担任だけでなく園の職員全体が，自分の保育所・幼稚園にいる障害のある幼児が，どのような特徴をもち，どのような場面でどのような行動をとり，それに対し職員はどう対応すべきか，知っておくことは重要である。配慮の必要な幼児の行動に対し，全職員が一貫した対応をすること（職員間の一貫性）と担任保育者がつねに同じ対応をすること（職員内の一貫性）は，障害児保育での指導の基本といえる。

このように幼児を取り巻く大人（保育者・職員）が，一貫した対応をすることで，幼児は「してよいこと」「してよくないこと」を理解していく。このような「情報の共有」のためには，保育カンファレンス（事例検討会）は定期的に実施されなければならない。また園によっては，教職員の勤務時間の都合で全員がそろう保育カンファレンスの実施が困難な場合があるかもしれない。そのような場合には，カンファレンスに代替する方法（「連絡ノート」「個人記録票」などを作成し回覧する）で，情報の共有をしておかなければならない。

(2) 担任を全職員で支える

　障害のある幼児を受け持つ保育者は，その子の指導だけではなく，その保護者や，その他の子の保護者との関係づくりに日々神経を使う。そのなかで，母親の気持ちに添い，育児の困難さに共感し，母親の話を傾聴するという仕事は大変な重労働といえる。園長や職場の仲間が，疲れ果てている保育者の気持ちや考えをじっくり聞き，悩みや苦しみに共感し，共に考えようとする姿勢をもつことで，保育者は救われる。

　また最近は，園によって保育カウンセラーや特別支援教育コーディネーターをおいて，専門的に園内体制の構築にあたらせているところも増えてきている。巡回教育相談などといった外部の専門家に定期的に来園してもらい，子どもの様子や変容を見てもらうことも有効である。これは障害のある子どもの課題が明確になるだけでなく，保育者の悩みや指導の行き詰まり，あるいは保護者との連携などについて話を聞いてもらい，アドバイスを受けることで，道が開けることが多い。

　今後，指名が増えていくと思われる特別支援教育コーディネーターであるが，このように，幼児と保育者，また家庭と園，そして専門機関と園などをつなぐ役割が大いに期待できる。さらに園内研修として，全教職員が参加する研究会や発達障害に関する研修会の企画から，また障害児の理解や指導法等について他の研修会で学んできたことを他の保育者に伝える，といった新たな役割もある。

4．丁寧な保育を心がける

　LD，ADHD，アスペルガーなどといった用語も最近では目新しいものではなくなってきて，その特徴を理解し，その具体的な支援について実践できる保育者が増えてきている。ただこのように障害名を聞くと，この子どもたちは健常な子どもと全く違っていて，何か特別な支援の方法が必要なように思える。あるいは誤ったかかわりをするのではないかと不安にかられることもあるかもしれない。

　発達障害の幼児には特別な配慮が必要な場合もあるが，健常の子どもへの保育と全く異なるかといえば必ずしもそうとはいえない。つまり，これまでの保育経験の蓄積や学習を基礎にした「丁寧なかかわり」が求められることがほとんどである。むしろそのように考えることで他児との人間関係が開かれ，長所をのばすことができると確信する。

　このような「丁寧な保育」ができるのは，子どもにとって次のような保育者である。

(1) 子どもを障害名でみない保育者

　「あの子は○○症だから」「□□病だからしようがない……」といった子ども理解は，幼児のもつ潜在能力を低く見積もり，可能性を引き出すような保育をすることを難しくする。医療機関から下された診断があっても，それは幼児の一面でしかなく，保育者はむしろ「診断」的ではない，いろいろな幼児の姿や表情を見つけるように努めるべきである。

(2) 子どもの成長や進歩など「よい面」について，定期的に親と連絡をする保育者

　保育者が保護者と連携する際には「困ったこと」「園や他児に迷惑をかけたこと」「家で注意して欲しい点」などが中心となり（たとえあったにしても），幼児の成長や進歩について後回しにされることがほとんどである。保護者も試行錯誤で子育てをしており，他者からの肯定的評価（「○○ちゃんは，このごろトイレで失敗がなくなりましたね」など）は不安を軽減させ，子どもにも好

影響となる。また，どんなささいなことでも定期的に連携をとっていることで，信頼関係が構築できる。

（3） 子どもの自尊感情を大切にする保育者

障害のある幼児の場合，他の子の発達に比較して遅れている場合もある，他の幼児が「できること」でも，「できないこと」が少なくない。このような場合，周りよりからかわれるのを許さないような配慮が必要である。

学齢期以降になると，一次的障害（たとえば「言葉が出にくい」など）といった問題のほかに，二次的障害（「話すとみんなが笑うから，話すのがもっとイヤになる」）といった問題に拡大することもある。このような「芽」は幼児期での自尊感情を大切にする指導により阻止することができる。

（4） ルールをはっきりさせて，ぶれない保育者

幼児の行動は，周りの大人の反応が，その後の生起（せいき）に大きな影響をもたらす。たとえば，「（幼児は）友だちをたたいた」ので「（保育者に）しかられた」。また「（幼児は）友だちにおもちゃを貸した」そうしたら「（保育者に）ほめられた」。このように「ぶれない」保育者の対応で，幼児は行動の原則を学んでいく。

ところが「（幼児が）友だちをたたいた」が「（保育者はそれを見ていなかったので，近くにいた別の幼児をしかり，先生に教えてくれたからといって）ほめられた」とか「（幼児は）友だちにおもちゃを貸した」のだが「（保育者がなぜか今日は機嫌が悪く「自分のおもちゃで遊びなさい！」と言って）しかられた」では，幼児の内面に行動の原則・ルールといったものが育たないのである。

（5） 毅然として温厚な保育者

平成13（2001）年文部科学省は，「幼稚園教員の資質向上に関する調査研究協力者会議」の答申を受け，「幼稚園を取り巻く環境の変化と幼稚園教員に求められる専門性」として，『（1）幼稚園教員としての資質』として，「……幼稚園教員は，（中略）……これらの教育活動に携わるにあたっては，豊かな人間性を基礎に，使命感や情熱が求められる」とした。

「使命感や情熱」はともかくとして，「豊かな人間性」だけでは障害のある幼

図・表1-5 「ぶれない」支援とは……

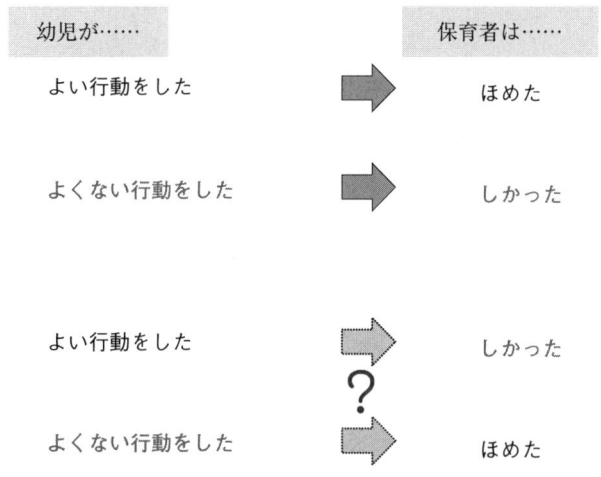

児の指導はうまくいかない。幼児に対してはメリハリのある言葉がけをして，「毅然として（ときに厳しく），温厚な（いつもは優しい）」保育者がうまくクラスをまとめていることが多い。またこのような保育者を幼児も好きなようである。「先生，ボク△□してくれないと，○×しない」といった幼児に「あやつられず」，「策にのせられない」保育者や，また明るくて「少しこわい」程度の先生も幼児にとても人気がある。

4　障害児保育と特別支援教育

1．特別支援教育への転換

　これまで障害のある子どもの教育を支えてきた「特殊教育」（学校教育法第6章）が「特別支援教育」へと，大きく変わった。これは名称の変更ということだけではなく，「障害の程度等に応じ特別の場で指導を行う『特殊教育』から障害のある児童生徒一人ひとりの教育的ニーズに応じて適切な教育的支援を

図・表1-6　新たに「特別支援教育」が対象とする児童生徒（小中学校）

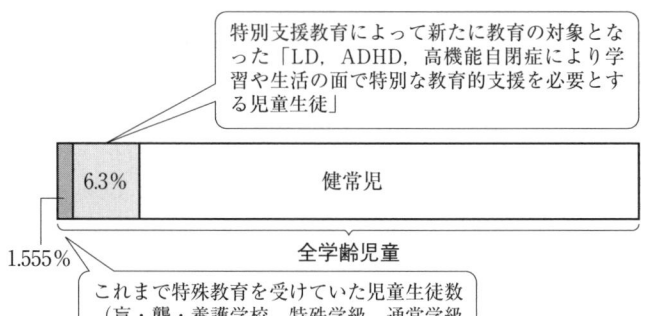

行う『特別支援教育』への転換」と，教育の基本方針が広がったものといえる。

　文部科学省の調査研究協力者会議の最終報告では，特別支援教育においては，「個別の教育支援計画」「特別支援教育コーディネーター」「広域特別支援教育連携協議会」の3つの基本的な方向とともに，盲・聾・養護学校や小・中学校のあり方，さらに特別支援教育における専門性を高めることがめざされている。

　これに加えてLD（学習障害）・ADHD（注意欠陥／多動性障害）・高機能自閉症等の児童生徒への対応は「緊急かつ重要な課題」との認識も示された。特別支援教育という名称によってめざされているものは，これまであった「特殊教育」「障害児教育」あるいは「障害児保育」の否定ではない。

　特殊教育ではこれまでさまざまな障害についてそれぞれ教育方法や指導法があみ出されてきた。その多くは指導者の一定の働きかけに対して，子どもがどのように変化したか，成長したのかといった子どもの「変化」や「改善」に重点がおかれていた。特別支援教育では，それに加え，人的環境，物的環境を含め子どもの周り，つまりわれわれが改善すべきことをも求めている。

　特別支援教育が新たに提案している教育の基本原則は，障害のある幼児が，そうでない幼児と一緒に保育を受ける（統合保育）機会が多くなっている保育所・幼稚園でも，もちろん活用できうるものである。それは次の3点に集約できる。

（1） 子どもの周りを変えよう

「子どもに，明日持ってくるものを話しても必ず忘れてきます。どう指導したら……」というよりも，むしろ「伝わらなかったのは，伝え方が悪かったからかもしれない。そういう伝え方がこの子にとっていいのだろうか……」と立ち止まって考える。そうすると「ひょっとしたら，ちょっと工夫をしてみればいいのかもしれない」と別の考えが思い浮かぶかもしれない。

このように「問題」を幼児に押しつけるのではなく，保育者自身の対応を含めて省察してみる。特別支援教育が示唆的なところの一つである。

（2） 子どもに自信をつけさせよう

障害のある幼児は，幼児集団の中で遊びや活動を通じて，いろいろな失敗経験を積み重ねている。失敗経験は幼児の自尊感情の育成に大きなマイナスの影響を及ぼす。小学校に入ってから，子どもが口にする「どうせボクは……」「なにをしてもダメだから……」には，幼児期での失敗経験の蓄積が及ぼした自尊感情の弱さが原因している。

自尊感情とは「自分自身の存在や生を基本的に価値あるものとして評価し，信頼すること」であり，それがあって初めて「人は積極的に意欲的に経験を積み重ね，満足感を持ち，自己に対しても他者に対しても受容的でありうる」とされる。

幼児期では次のようなことに配慮して対応を心がけることが望まれる。

① 一人の子どもを対象（ターゲット）にするのではなく，クラス全体の子どもを巻き込んだ働きかけを心がけること。クラスのみんなが達成するべき課題であるという視点から出発すること。
② 本人の気持ちの受容，そしてできるだけ主体性の重視につとめること。
③ ささいなことでも達成感や成功感をもつようにさせること。
④ 保育者がほめ上手になること（ほめ言葉を増やすこと。声の調子もいろいろ使えること）。

（3） 子どもの特性から指導法を考えよう

ある幼稚園の帰りの会の風景である。「年長さんらしくキチンと座りましょ

図・表1−7　特別支援教育とは

```
┌─────────────────┐   ┌─────────────────┐
│ 子どもが改善すべきこと │   │ 周りが改善すべきこと  │
└────────┬────────┘   └────────┬────────┘
         ↓                     ↓
┌─────────────────┐   ┌─────────────────────┐
│  従来の障害児教育   │   │(1)子どもの周りを変えよう │
└─────────────────┘   │(2)子どもに自信をつけさせ │
                      │   よう                │
                      │(3)子どもの特性から指導法 │
                      │   を考えよう           │
                      └─────────────────────┘
```

←──────── 特別支援教育 ────────→

う」という保育者の言葉に，ほとんどの幼児が不思議に思うことなく手を膝において，背筋を伸ばして座った。1人だけキョトンとしている幼児がいる。保育者は，聞いていなかったと思い，何度か同じ指示を出す……周りをキョロキョロ見渡しながら，その子は思い出したように手を膝に置いて座り直した。

「いつも何度か同じ指示を出さないとあの子は理解しないんです……耳が聞こえていないわけでもないのですが……」

「しっかりやろう」「ちゃんとかたづけよう」「男の子らしく……」等々は，保育所幼稚園では，何の疑問もなく耳にする保育者の言葉である。ただよく考えてみれば「しっかり」「ちゃんと」「男の子らしい」は，言葉で定義するのが難しい。幼児の中にはこのような「抽象的」な言葉が通じない子どももいる。保育者はできるだけ具体的に伝えるように心がけるべきである。

ここでいう具体的というのは，「見ることができること」「聞こえること」「数えられること」ということである。よって先ほどの「キチンと座りましょう」は，「背筋を伸ばして，手を膝の上に置いて，しっかり前をむいてすわりましょう」となる。幼児の中にはこのように抽象的な言葉かけが苦手な子どももいる。保育者は子どもの特性を理解し，できるだけ具体的に指示を出す必要

がある。

「保育室のロッカーの中がいつもグチャグチャになっていて、見つけては『キレイにしようね』といって片づけさせるのですが、なかなかうまくいきません」

このような悩みを聞くと、保育者は「キレイにする」という言葉を教えたいのか、「片づける」行動を教えたいのか、と疑問に思う。これは、解決はさほど難しくない。ロッカーがキレイに片づいている写真を1枚撮って、片づける際に子どもに見せて「こういうようにしようね」と言えばいいのである。子どもは写真片手に、同じようにしようとする。

それができたときに「キレイに片づけたね」とほめる。子どもは「そうか、こういう風にすればいいんだ」とキレイに片づけることを理解し、また「これで先生に何回もガミガミ言われなくてすむ」と安心する。これもできるだけ具体物、モデルの提示があった方が、よく理解できるといった子どもの特性から考えられた「指導法」であるといえよう。

2．発達障害と保育を取り巻く状況

このごろ保育実践の場でも、LD、ADHD、アスペルガーなどといった言葉をよく耳にするようになった。また各地で、このような子どもへの対応や支援についての研修会や講演も多く行なわれている。学齢期以降ではLD（学習障害）・ADHD（注意欠陥／多動性障害）・高機能自閉症・アスペルガー症といった「発達障害」を対象に加えた「特別支援教育」が平成17年（2005）度から始まっていることはすでに述べた。

新しい制度が始まっている小学校へ子どもたちを送り出す保育所幼稚園では、特別支援教育について知っておくことが必要である。小中学校においては、この特別支援教育の実施によって「個別の指導計画作成」「特別支援教育コーディネーターの任命」、あるいは「校内委員会の設置」などをめざしている。近い将来、保育所幼稚園でも実現されるだろう。

特別支援教育に向けて大きく変わろうとしていく学齢期の教育だが、保育者

にとって，この「一人ひとりの教育的ニーズに応じて適切な……」という考え方はとても受け入れやすいものである。保育では「一人ひとりの育ちを把握」することが保育者にまず求められる。またその子にあった「適切な保育」をすることは日常で行っているのである。

　制度の名前が新しくなったとはいえ，これまで積みあげてきた保育経験の蓄積や指導法を基礎に，できるだけ「丁寧な保育」を心がけていきたいものである。

トピックス１：環境剥奪と発達の柔軟性

　1980年西日本のある町で，生まれてからほとんど養育を受けていない5歳と6歳のきょうだいが発見された。2人は，両親が住む寺院の回廊のひさしの下に戸板で囲っただけのスペースで長い間，育てられたらしい。発見時，自立歩行は不可能で，言語も話せなかった。両親はこのきょうだいの養育にはほとんど無関心で，他の兄や姉が1日に1回の食事を与えていたにすぎなかった。

　ただ他のきょうだいとの**接触は比較的豊か**であり，相応の相互交渉があったらしい。しかし幼い姉と弟とが一緒に長期間閉じこめられていたにもかかわらず2人の間に相互間の愛着は認められず，分離不安もなかった。

　救出された2人は，専門家チームによるいわば「発達を取り戻す治療教育」を集中して受けた。同年齢の子どもたちの発達に達することを予想していたものは誰もいなかった。

　きょうだいが小学校を卒業するまでの発達の記録がある。それによると，まず栄養面が改善されたことにより身長・体重といった身体発達が，同年齢の子どもと比較して倍以上の伸びが報告されていた。その後，言語発達，社会性の発達なども，同年齢の子どもと同レベルに急速に改善していった。ただ「**抽象的概念の論理的・形式的処理の弱さ**」「**短期記憶の容量の少なさ**」といった認知発達の遅れは認められた。この例は，劣悪な環境で育てられていても，発達の「芽」をもつ限りにおいて，子どもは可能性をもつことを示している。また同時に人間の発達とは極めて柔軟であることも教えてくれる。　　　　（七木田　敦）

1章　障害児保育とは──23

(出典:藤永保ほか『人間発達と初期環境—初期環境の貧困に基づく発達遅滞児の長期追跡研究』有斐閣,1987年)

演習問題

A. 障害児保育の目的と方法について,説明してみよう。
B. 日本以外の諸外国の障害児保育の制度や方法について調べてみよう。
C. 障害児保育で行われている方法で,通常の保育にも応用可能なものを考えてみよう。

2章 障害と発達

　本章では，まず，発達についての考え方を学ぶ。そして主に乳幼児の発達について知り，標準的な発達（典型発達／typical development）のプロセスや理論を学ぶ。そのなかで，知能の発達や身体・運動機能，感覚機能，情緒などのそれぞれの側面に障害がある場合には，どのような影響が生じることが推測されるか，あるいは積極的に発達を支援する対応としてどのような配慮が求められるのかについて，読者自身が考えを深めていくことをねらいとする。

1 発達とは何か

1．発達とは

　発達という言葉を聞いて，どのようなことを連想するだろうか。成長，進化，プラス，上向きなどが挙げられるかも知れない。しかしながら，人間の発達は身体の成長という量的な拡大や，単に「できるようになる」ことだけでは十分に説明しきれない特性を有している。以下では，「発達とは何か」を考えるうえで大切な三つのポイントを整理しておきたい。

　第一に，発達とは右肩あがりの直線で描けるものではなく，現在進行形の現象である。発達は，生命を受けて（胎児期）から死ぬまでの生涯というスパンで考えなければならない。そこでは，何かが「できるようになる」というプラスの側面だけではなく，今まで「できていた」ことが「できなくなる」というマイナスの側面も発達としてとらえられる。

成長だけではなく，衰退や退化も発達の一つの様相なのである。また，そのような多様な発達の様相をふまえるならば，発達を結果ではなく過程としてとらえる必要がある。とりわけ，保育を組み立てる際には，現在の子どもの様子だけではなく，過去，現在，そして未来という連続性のなかで子どもの発達を読み取ることが大切である。

　第二に，発達を文脈のなかでとらえる姿勢が重要である。現在，発達を測るものとしてさまざまな発達検査が存在している。その発達検査は，現時点での子どもの能力を測る道具としては非常に有効な手段である。ただ，あくまで，一つの能力に対しての実施時点と特定状況での評価である。

　保育の場では，Ａちゃんをみようとすると，Ａちゃんと仲のよいＢちゃんとの関係がみえてくる。また，Ａちゃんの家庭での姿がみえてくる。言い換えるならば，発達は真空状態で起きているのではなく，保育所，家庭や地域という多様な文脈のなかで生成されていく過程なのである。発達検査の結果だけではなく，その子どもの文脈などをふまえ総合的に発達をとらえる必要があるだろう。

　第三に，発達とは，あくまで価値的概念であるという点である。たとえば，私たちの社会では，その危険性から乳幼児の手の届くところには刃物やハサミを置くことはしないし，もし触っていたら「あぶない」と取り上げることがあるだろう。

　一方ニューギニアでは，歩けるようになるまでにはナイフと火を安全に扱えるようになるという。また異なる文化圏では，歩くことをできるだけ遅らせるために，乳児の足を包帯でグルグル巻きに固定するコミュニティも存在している。その時代や社会文化により，「発達」という言葉に含まれる意味は異なるのである。発達の方向性やゴールは単一ではなく多様に存在している（Rogoff, 2006）。

　このように考えてみると，発達とは社会的に構成された一つの「ものさし」であることがわかる。障害のある子どもの発達を考えるうえで，アセスメントは一つの「ものさし」で測ったものにすぎないということを考慮しておかない

と，過度に誤ったレッテルを貼ることになりかねないだろう。

　保育のなかには多様なかかわりがあり，それは日々の発達資源として機能している。もちろん，実際の保育では「○○をすれば△△が発達する」といった単純なものではないだろう。しかし，子どもの特性や個性を含めた発達を考えることは，子ども一人ひとりに応じた保育をつくりだす第一歩につながるのである。

2．乳幼児期の発達について

　発達は，人が生まれてから死ぬまでのすべての期間にかかわるものである。そのなかでも最も心身の変化がめざましいのは，乳幼児期であろう。人は，哺乳類の中でも比較的未熟な状態で生まれ（**生理的早産説**[1]），新生児期から乳児期，幼児期へと急激な心身の発達を遂げる。

　たとえば身体の発育は，生涯にわたって徐々に進むのではなく，変化が急激に進む発育急進期と呼ばれる時期が2度ある。その第1期が乳幼児期であり，乳児期から幼児期初期にあたる。第2期は思春期である。

　また，言語の獲得・知能の発達，活動範囲の広がりに伴う社会性の発達などは，人間の発達過程において，初期の数年間はとても重要な時期である。この成長著しい時期は，本人に生じる変化だけではなく，家族関係，家族と保育／教育機関との関係など，養育にかかわる人々にとっても，新たな発見や学び，成長にもつながっていくものである。

　発達には，知能や身体，情緒などさまざまな側面がある。知能の発達では感覚から認知，思考様式へと幅広く質的変化が生じていく。身体の発達では，身長，体重などの身体の大きさの変化に加えて，運動機能の質的・量的変化も大きく，活動量や活動範囲の広がりを生み出す。その他，視覚，聴覚などの感覚

1：生理的早産　ポルトマン（Portmann, A.）は，哺乳動物を，産まれてからしばらく巣（親元）にとどまって養育してもらう「就巣性」の動物と，産まれてすぐから一定の巣立ち能力を持っている「離巣性」の動物とに分類した。人間の新生児は「離巣性の動物」に分類されるが，「親の養育」に依存する部分が大きいため，本来の出産時期よりも早く産まれてくるという意味で「生理的早産」とした。

の発達，情緒や社会性の発達など，いくつもの側面に分けられる。ただし，これらはそれぞれの機能が独立して進むのではなく，相互に影響を及ぼし合って進んでいくと考えられる。

たとえば，視覚機能の発達に伴い，周囲の環境から興味関心を引くものを見つけ，目で追い，さらには手を伸ばす，つかもうとするなど運動機能の発達につながる。また，活動範囲の広がりにより，驚きや喜びの経験，ときには不快な感情も含め，情緒や社会性の広がりにつながっていく。

そして，こうした多くの日常経験が知能の発達を促していく。そのため，いずれかの機能に発達の遅れが見られた場合には，ある特定の機能の補償について考えるだけではなく，全体的な発達を考えて具体的な支援方法を実施していくことが求められる。

より詳しく発達の様相を知るため，発達の諸側面の特性，障害のある場合の配慮などについて，見ていくこととする。

3．知能の発達

知能とは，広義には適応能力を意味するが，思考や記憶，認識など認知機能の総体を指す。発達の大きな流れとしては，図・表2-1に示す「ピアジェの発達段階の特徴」に示されるように，段階的に質的な変化が生じる。

たとえば，感覚運動期の特徴として，新生児期は生得的反射による身体活動が中心であったのが，やがて自発的な運動が生じ始め，自身の運動と固有感覚との関係（身体意識），さらには外部環境への働きかけが生じ始める。

自分の手や足を動かしたり，近づけて見つめたり，あるいは握りしめたガラガラを振り続けたり，なめてみたり，さらには，興味あるおもちゃへ近づいていくなど，自身の身体のいろいろな動きそれ自体が遊びの中心となる。

これに続く前操作期は1歳半から2歳頃より始まる段階であり，個別の記憶に基づく概念形成が可能となる。延滞模倣や象徴遊び（見立て／ふり遊び）が可能となり，やがて後半の段階では，子ども同士でストーリー性のあるごっこ遊びができるようになる。

図・表 2-1　ピアジェの発達段階の特徴

時期	おおよその年齢	知能の発達段階の特徴	感情の発達段階
感覚運動期	0～2歳	自己の感覚や運動を通して周囲の世界を認識する段階。自分が行う身体活動や反射により外界とかかわる。	個人内感情
前操作期	2～7歳	言葉と具体的対象が結びつく段階。まだ他者の視点に立つことはできない。	個人間感情
具体的操作期	7～11歳	具体的な対象の対応づけ，順序づけ，数の概念などを獲得する時期。	
形式的操作期	11～15歳	自分自身や他者の考えを類推することができ，抽象的なものでもイメージを操作できるようになる。	対集団感情

(出典：浜田寿美男『ピアジェとワロン』ミネルヴァ書房，1994年，p.67を改変)

　また，6～7歳頃からは具体的操作期に入り，幅や長さといった見た目に左右されず量の異同が判断できるようになる（保存概念の獲得）。知能の発達は，自他の分化や関係性の理解，遊びの様式などさまざまな側面に表れるが，もう一つの手がかりは言語の発達である。

　出生直後から，音声で出てくるのは泣き声である。それがやがて不快なときの泣き声だけではなく，心地よいときにもウー，アーなど，自ら音声を発し始めるようになり，周囲の言葉かけに対して呼応するかのような発声も生じるようになる。

　6か月を過ぎるころには，「んばんば」のような意味を成してはいないが，子どもが話し始めたように感じられる連続音声である喃語が出始める。こうした発語を促すものとして，周囲の大人たちが穏やかで豊かな表情とともに語りかけること，特に母親あるいは養育者の音声反応がある。

　乳児期の親子のコミュニケーションをよく見ていると，母親が乳児をあやしているとき，乳児のわずかな発声直後にも母親が返事をしたり声をかけたり，応答していることが観察される。このような母親の応答は乳幼児の発語を促し，

言葉の意味を理解していくきっかけとなるのである。

　おおむね1歳前後には，初めて意味ある単語が発せられるようになると（初語），その後，徐々に「まんま」「ねんね」「ワンワン」など身近な単語がいくつか出るようになる。半年ほどは，このように一つの単語を発する一語文（一語発話）で，見つけたこと，知らせたいこと，要求したいことなどを表現する時期を過ごす。

　そして，1歳半から2歳前後になり，「まんま，ちょーだい」「ワンワン，ねんね」といった二語文（二語発話）が出始めると，それ以降，爆発的に語彙数が増える時期を迎える。「これ，なに？」「これは？」の連続で，目につくモノを次々とたずねる時期であり，命名期といわれる。

　その後，3歳頃には，「どうして？」「なんで？」の多発する質問期に入り，周囲の大人を困らせることがある。しかし，こうした状態は，子どもが自分と他者，そして外界の事物の存在を認識し，それらには名前があることを知ったり，ある事象はどのようにして生じたのか興味／関心を広げたりしている表れである。子どもの素直な質問に向き合い，楽しみながら一緒に考える余裕が必要だろう。

　このような発語の流れに遅れがあると，保護者は発達に遅れがあるのではないかと気になる場合も多い。たとえ発語が進まない場合であっても，呼びかけへの反応が見られることや，語りかけにも関心を示し呼応しようとする様子があれば，やがて言葉が出始め，語彙数も急激に増えていくことが多い。

　しかし，言葉かけに反応することが少ない，発声そのものや口唇の動きが乏しい，など気になる点があれば，乳幼児健診での相談や医療機関への受診が望ましい。聴覚に何らかの異常が認められる場合には，言語，知能の発達を補償するために，早期からの専門的な療育開始が大切である。

　検査の結果，聴覚機能が正常であれば，行動観察，発達検査などの心理アセスメントを含め，医療機関ではさまざまな観点から診察，経過観察が行われる。経過観察期間中に，並行して療育訓練が開始されることもある。

　療育は発達を促進するものであり，最終的に何ら障害／疾病が認められな

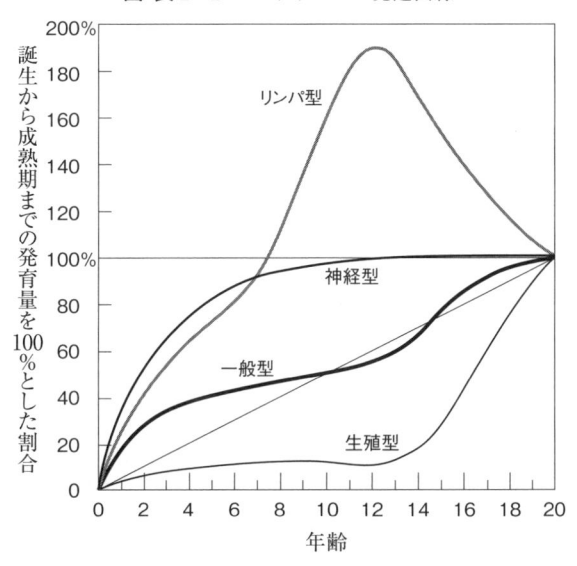

図・表2-2 スキャモンの発達曲線

(縦軸：誕生から成熟期までの発育量を100%とした割合／横軸：年齢)

リンパ型、神経型、一般型、生殖型

(出典：Scammon, R. E. 1930 The measurement of the body in childhood, 171-215, Harris, J. A., Jackson, C. M., Patterson, D. G. & Scammon, R. E. (Ed) *The measurement of man*. University of Minnesota Press)

かった場合においても，療育を受けていたことが発達にマイナスの影響をもたらすことはない。発達の経過を見て，とくに質的な違いに気づいた場合には，相談をはじめ具体的な行動に移すことが大切である。

4．身体の発達

乳幼児期の身体の発育は著しい。脳神経系，全身計測値，生殖系など，発育過程が異なる身体器官の発達の指標として，**スキャモンの発達曲線**（図・表2-2）がある。成人の身体各部，器官の重量を100として，各発達時期における重量の割合を発達曲線で表したものである。

大脳，脊髄などの神経系では，6歳の段階ですでに成人の90％の重量に達しており，幼児期の脳神経系の発達が著しいことがわかる。また，全身の計測値

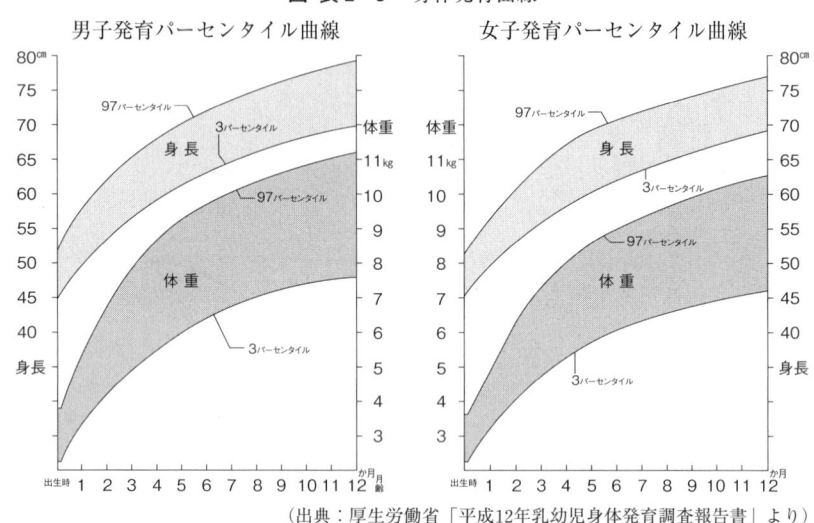

図・表 2-3　身体発育曲線

男子発育パーセンタイル曲線　　　女子発育パーセンタイル曲線

（出典：厚生労働省「平成12年乳幼児身体発育調査報告書」より）

の変化に関しても，思春期とともに乳幼児期の勾配が大きいことがわかる。

　身長や体重の発育の経過としては，**身体発育曲線：厚生労働省平成12年**（図・表2-3）に示すように，出生体重が約3kgであったのが生後1歳では約9kgとほぼ3倍になる。また身長は，出生時の約50cmから1歳時には75cmと1.5倍にもなり，出生後の1年間における変化は著しい。

　ただし身長，体重とも個人差，性差は大きく，平均値の上下の幅は大きい。そのため，平均的なデータではなく，パーセンタイル値で表されることが多い。**身体発育曲線**（図・表2-3）では，94％の乳幼児が図の曲線内で発育していくことを示す。

　たとえこの幅から外れていたとしても，曲線に沿って身長や体重が増えているようであれば，とくに心配はいらない。逆に曲線内にあっても，成長著しい乳幼児期に停滞あるいは極端な減少が生じている場合には，注意を要する。成長ホルモンの異常や，愛情遮断などの虐待の兆候である可能性もある。

　乳幼児健診での定期的な発育チェックは，疾病による異常，環境悪化による異常など，子どもの発育を阻害している状態に気づく大切な機会である。それ

にもかかわらず，未受診により発育データが得られない場合には，子どもがどのような状態であるか，医療的／福祉的に把握することが望ましい。

　なお，自治体が行う集団の乳幼児健診を受けない理由の中には，すでに何らかの診断を受けており，かかりつけ医による定期検診があるため集団健診には出向かないというケースもある。こうした場合には発達の経過を追うことができる。しかし，理由不明，多忙／時間が合わないといった場合には，別途，フォローしておくことが必要であろう。

　近年，医学の進歩により，ハイリスクを抱えた妊娠（高齢，多胎など），出産が増加し，超早期産や多胎による未熟児，そして極低出生体重児の誕生も増えている。こうした子どもたちは，身体の大きさだけではなく，呼吸器や視覚／感覚器など，さまざまな身体機能の発達においてさらに個人差が大きいといえる。

　早産により未熟児であった場合には，そのまま出生後の月齢を当てはめるのではなく，満期産での月齢に直してから（修正月齢）発達の状態を見る場合もある。発達曲線に当てはめてみると，出生後すぐには大きかった差が，やがて同年齢の子どもの発達に追いついていく（キャッチアップ）現象も見られる。

　ただし，標準的な発達幅にとらわれることなく，その子のなかでの発達経過，発達段階の進行を把握することが重要である。

　発達は大まかに見て，頭部から尾部（脚部）へ，そして中心部（体幹）から周辺部（末梢）へと進む（図・表2-4）。全身的な運動機能の発達では，出生後しばらくは寝返りを打つこともできない状態から，やがて3～4か月頃には首が据わり，7か月頃にはお座り，9～10か月頃にハイハイ，つかまり立ち，そして早ければ1歳頃には歩行へと進んでいく。

　また，物をつかむ動作の例では，腕を曲げ伸ばしする，目標物へ腕を伸ばす，手のひら全体で握る，親指とその他の指ではさむ，最終的には親指と人差し指の指先など2指でつまむなど，より細かい手指動作が可能となっていく。このように，運動発達は，全身の粗大運動から微細な運動へと進む。

　なお，重要な身体機能として，新生児期から見られる原始反射があり，吸

図・表 2-4　身体発達の方向

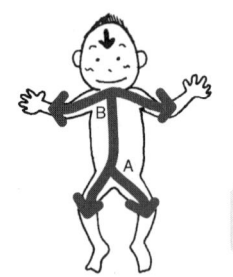

A：頭部→尾部方向への発達を示す
B：中心部→周辺部方向への発達を示す

(出典：今塩屋隼男「発達の考え方」七木田敦（編著）『キーワードで学ぶ障害児保育入門』保育出版社，2008年，p.28)

吸反射や把握反射，モロー反射（抱きつき反射）などが挙げられる。これらは，随意運動が生起するのと相まって，数か月ほどで消失していくものである。

しかし，出生後，原始反射が見られなかったり，モロー反射に左右差が見られたりした場合には，中枢神経系の障害や出生時の外傷等，異常が疑われる。また，全般的な発達や運動発達に異常がある場合には，こうした原始反射がいつまでも残ることがある。

身体，運動機能の発達は，子どもの活動範囲を広げ，さまざまな活動経験を増やす。そのような経験が興味関心を引き起こす数々の刺激を与えることになり，言語・知能の発達や，感情・情緒を豊かに育んでいく。そのため，脳性まひや二分脊椎など，乳児期より肢体不自由のある子どもの場合には，活動量／活動範囲の制限が認知面での意欲の低下や感情の不活性化をもたらすことのないよう，運動機能への対応，補償と同時に，感情面，意欲面への配慮を行っていくことが大切である。

たとえば，子どもが使う車いすなどの福祉用具には，安全性，操作性，快適性といった性能のほか，子ども自身が楽しめる色柄／キャラクターの配置など心理面に配慮した外観デザインも工夫されたものが多い。適切な福祉用具の処方によって活動量が増し，子ども自身が外環境へ働きかけることができるようになったり，機器の魅力あるデザインに周囲の子どもたちが集まり，子ども同士のかかわり合いができるきっかけとなったりしている。

本人の活動意欲を引き出し，発達を促すことができるよう，専門家（医療，福祉，教育，工学など）からの助言も積極的に求め，福祉用具の活用をはじめ，一人ひとりの状態に応じた保育環境を整えていくことが必要だろう。

5．視覚の発達

視覚とは物を見る感覚のことである。人は外界から得る情報の8割を視覚から得るといわれるが，乳幼児の段階ではまだよく見えていない。視覚は，眼球や視神経，脳の視覚野といった視覚機構の働きにより得られるものである。それらは眼球運動のコントロールをはじめ，輻輳調節による立体視機能，「図と地の分化[2]」のように背景から事物を見分ける力など，さまざまな経験の積み重ね（学習）によって発達する。

特に乳幼児期の視覚機能は，生後1年の間に急速に発達する（丸尾，2004）。梁島・石田（2000）によれば，出生直後は眼球の動きをコントロールすることができず視力も近視状態であったのが，生後4～5週から単眼固視（片方の眼で一つのものを注意してみること）が可能となり，6～8週で両眼固視（両方の眼で同時に1つの物を注意してみること），および両眼共同運動（左右の眼が同じ方向に動く運動），3～5か月で意識的な固視，そして6か月で安定した輻輳が生じるようになる。

そのため，生後6か月までに斜視，弱視が生じると，難治性が高いといわれる。立体視機能については，3か月頃から発達し始め，6～8歳で両眼視機能が安定する（丸尾，2004）。

動物実験の例ではあるが，生後まもなくから縦縞のケージ内で育てられた子猫が，その後，横縞や斜線を提示しても認識することができないことが知られている。また，先天盲の開眼手術後の視知覚能力に関する諸研究（鳥居，

2：図と地の分化　自分に必要な視覚的情報が「図」で，「図」を取り巻く情報が「地」となる。ルビンの杯に見られるように，杯が浮き出て見えるとき（図），人の顔は知覚されない（地）。しかし，人の顔が浮き出て見えるときには，杯は見えなくなる。図と地の分化では自分にとって必要な視覚的情報だけを合理的に浮き出させて取り出す判別する能力が必要である。

1993）によれば，手術後に視知覚が得られても，眼球運動のコントロールの困難さ，事物を認識する力，位置関係の理解など，なかなか獲得し難く模写ができないことなどが指摘されている。

この研究が示すように，視機能が安定して獲得されるまでに，さまざまな視覚刺激，たとえば，形，模様，色，それらの動きによる変化など，多くの視覚経験，視覚学習を積み上げていかなければ，視覚から外界を認識することは難しいといえる。

なお視機能としては，視力と同様に視野が重要であるが，視野は5歳頃にはほぼ成人と同程度に発達する（梁島・石田，2000）。

平成18（2006）年の厚生労働省の身体障害児・者実態調査結果によれば，わが国の視覚障害児・者（身体障害者手帳取得者のみ）は約31万人であり，そのうち18歳未満の視覚障害児数は約4,900人である。視覚障害は大別して全盲と弱視があるが，光覚のない全盲は2～3万人と推定され，9割は何らかの視覚情報が使えると考えられる。そのため，視覚障害のある子どもたちの保育／教育では，残存する視機能が向上できるよう，工夫して視覚情報を提示していくことが必要である。

弱視の子どもたちに対する配慮として，具体的には，適正な光学的補助（拡大鏡；矯正レンズ，ルーペ，拡大読書器）の利用，非光学的補助（照明，遮光，拡大図書，書見台）の利用を通して，見えやすい環境を整えること，そして何より「見ること」自体が嫌にならないよう早期介入を始めることの重要性が指摘されている（国立特殊教育総合研究所，2005）。

支援の際には，聴覚や触覚，平衡感覚など他の感覚を積極的に活用することも大切である。また，視覚情報の活用が困難な状態であっても，触ることのできない景色，色や輝きの表現を積極的に伝え，語彙力やイメージ力を育てていくことは空間認知や児童期の抽象概念の発達促進に影響するであろう。保育者側の語彙力，表現力，コミュニケーション力が求められるところである。

視覚に障害がある場合は，「見えにくい」ことからくる動作の慎重さや活動量の少なさが予想される。視覚に障害のある乳幼児に対しては，全身的運動発

達を促すために，日頃より大人が十分なスキンシップと言葉かけを行うことや，揺さぶりなど全身を動かすことに親しませることが大切である。

そのためには，安全で自由に動ける場の確保，そしてまた，子ども自身に，自ら身体を動かす喜びや移動への意欲をもたらす工夫が欠かせない。手指機能の発達を促すには，手指の動きを高めるきっかけづくり，たとえば母親の顔や身体とのふれあい，大人との手遊びを行うほか，生活用具やおもちゃをつかむ，なめる，たたく，なげる，などの動作もよい。

なお，日頃からの慎重な行動，活動性の低い行動に対して，幼い時期にはとくに周囲の大人は過保護になりがちである。安全の確保はいうまでもないが，食べる，着替えるといった日常生活のなかで，たとえ時間がかかっても顔や衣服が汚れても，子ども自らが必要に迫られ，身辺自立の力を培う機会を確保していかなければならない。

6．聴覚の発達

乳児の聴覚は出生前から機能しており，出生後は周囲の人々の言葉かけにも反応する。泣いている乳児が，母親のかけ声で泣き方を変えることも珍しくない。ただし，聞こえやすい周波数があり，男性よりも女性の声，低い声よりも高めの声に反応しやすい。

赤ちゃんを目の前にすると，意識せずとも大人同士で話す声より高めの声で，抑揚も大きく，ゆっくりとした話し方になりがちである。このような話し方は母親語（マザリーズ）と呼ばれ，話者は（特に意識せずに）自然と乳児に聞き取りやすい／反応しやすい声による話し方をしていることになる。

聴覚の発達は，言葉／知能の発達，情緒／対人関係の発達など，発達のさまざまな側面に大きな影響を及ぼす。そのため，特に聴覚障害に関する早期発見，早期介入（療育）の重要性は認識度が高く，聴覚障害の特別支援学校では幼稚部の設置率も高い。またわが国では，厚生労働省の「新生児聴覚検査モデル事業（平成13年開始）」により，新生児聴覚スクリーニング検査が全国的に推奨されている。

聴覚検査としては，周波数帯域を調べるオージオグラムの使用が一般的ではあるが，本人の意図や意識的反応／言語報告を必要とせず検査することができ，新生児期から実施可能なものとしては，聴覚刺激に対する特定の脳波反応パターンの出現を見る**聴性脳幹反応**（ABR）[3]や**耳音響放射**（OAE）[4]がある。

　これらによって，発見の遅れがちな難聴の疑陽性児を新生児期の段階で見いだし，経過観察，早期診断，その後の療育へと，より早い段階でつなげていくことが可能と考えられる。ただし，現在のところ，検査機器の保有率や実施率／受診率は自治体によって大きく異なっているのが実情である。

　スクリーニング検査で聴覚異常が認められた場合には，医療機関での診療開始／経過観察をはじめ教育機関等の育児／療育相談へつなげられることが多い。各都道府県にある聴覚障害特別支援学校（聾学校）や発達障害支援センター，医療機関のリハビリテーション部門など，療育および相談の場は複数確保されている。

　たとえば，ある聴覚障害特別支援学校では，本校就学予定の有無に関係なく聴覚障害のある幼児への専門的な指導方法，家庭での具体的な接し方など相談活動を実施している。また，幼稚部に在籍する子どもたちの保護者に対しては，日々の保育を積極的に開放し参観を通じて教員の指導法を学び取る場／日々の相談が行える場を設けている。

　なお，生後間もない場合に限らず，風邪や滲出性中耳炎による影響などで聴覚の機能に支障を来したかどうかについては，日頃の行動観察が重要である。

　聴覚障害には，その原因部位によって伝音性難聴と感音性難聴に分けられ，両者にまたがる混合性難聴もある。伝音性難聴とは，外耳から中耳までの音を伝える部位に生じた障害によるものである。感音性難聴とは，内耳から聴神経，

3：聴性脳幹反応（ABR）　子どもが眠っている間に電極を装着し，脳幹の音刺激に対する電気的な反応をコンピューターで解析する聴覚検査

4：耳音響放射（OAE）　正常耳の内耳からは，耳音響放射と呼ばれる小さな音が放射されている。聴覚に何らかの異常があると，耳音響放射の出力レベルは減少，また検出されなくなるため，他の聴力検査法で検査するのが困難な新生児や幼児の聴力検査法として期待されている。

そして大脳の聴覚中枢（聴覚野）までの間に生じた障害であり，音を電気信号に変え，脳で認知されるプロセスに機能低下が生じる。

　難聴のある幼児の場合，支援機器・支援技術（補聴器）の活用や，人工内耳手術による機能補償などによっても，個々の聞こえの状態はさまざまである。音声の拡大および表現方法（大きく明確な話し方，表情，表示），音質の選定（笛よりも太鼓で合図），視界内での指示といった対応をはじめ，子どもの状態に合った工夫が必要である。

　たとえば，コミュニケーション手段として手話や表情など，視覚的な情報が主となる場合には，話しかけるときの立ち位置に気をつけたり，気を散らすような模様が前面にある衣服や手の動きが見づらい色の衣服を避けたりする，など，日常のささいなことからでもかまわない。保護者や医療／相談機関との連携により情報・アドバイスを得ながら，子どもにとって「わかりやすい」環境，反響音が少なく「きこえやすい」環境，といった適切な保育環境を整えることが求められる。

　福祉機器の開発については，とくに子どもの使う福祉機器では，さまざまな扱い方に対する耐久性，安全面の重視はもちろん，低年齢でも使えるものであるか，嫌がらずに使えるかなど，工夫が重ねられている。

　たとえば，福祉機器メーカーと有名なファッションブランドが提携し，補聴器の外観色をカラフルにしたところ，子どもも保護者も補聴器使用への抵抗感が減少したという報告や，子ども自身が装着時にわかりやすいように左右で色を変えて使用している例も聞かれる。

　なお，一般に4～5歳頃には，自己と他者の違い，他者の視線や評価を推測できるようになってくる。こうした発達により，聴覚障害のない子どもたちと過ごす集団の中では，他の幼児とは異なる仕様の遊具や手話への視線を気にするようになることも予想される。そのため，視覚的教材や手話の使用に対する心理的抵抗を減らす環境を整える工夫が必要であろう。

　近年，自閉症児の在籍率が高い知的障害特別支援学校では，**TEACCH**[5]の手法，なかでも視覚的構造化を積極的に取り入れて，聴覚障害はなくても聴覚的

図・表2−5　うさぎマーク・盲導犬マーク

（日本玩具協会ホームページ「共遊玩具」より）

情報の取り入れを苦手とする子どもたちへの対応に用いている。指示の伝え方も，シンプルな動作の伝達には（おしまいの合図など）手話を併用したり，歌と一緒に手話表現を用いたり，言語指示とともに絵カードによる視覚提示を行うなど，生活のなかに取り入れているところもある。

　また，おもちゃでは，聴覚障害あるいは視覚障害の有無に関係なく遊ぶことができるよう設計された共遊玩具がある。音量や音質が調節できたり，音刺激以外に光や振動が生じたりするなど，聴覚障害のある子どもたちや保護者も扱いやすいもの，楽しめるものとしてうさぎマークがあり，視覚障害では盲導犬マークが目印となる（図・表2−5）。

　現在，おもちゃに限らずバリアフリーデザイン，ユニバーサルデザインの考えが広まっており，年々共遊玩具として登録されるおもちゃの数が増加している。特にうさぎや盲導犬のマークがなくても，さまざまな子どもたちが遊べるよう工夫されたおもちゃも多い。

7．情緒の発達

　情緒の安定，社会性の育ちには，とりわけ乳幼児期が重要である。もちろん，さまざまな指導法や心理療法などを用いることによって，一生を通じて改善は

5：TEACCH　ノースカロライナ大学医学部の附属機関と位置づけられた組織で，自閉症及び関連するコミュニケーション障害の子どものための治療と教育（Treatment and Education of Autistic and related Communication handicapped CHildren）」のそれぞれの頭文字をとった造語。エリック・ショプラーによって創案されたノースカロライナ州全体で展開されている保健施策がTEACCHプログラムで，構造化や絵カードを使用した手法が特徴的である。

図・表2-6　エリクソンの心理社会的発達段階

社会的発達	1	2	3	4	5	6	7	8
Ⅷ老年期								統合対絶望
Ⅶ成人期							生殖性対停滞性	
Ⅵ前成人期						親密対孤立		
Ⅴ青年期					同一性対同一性混乱			
Ⅳ学童期				勤勉性対劣等感				
Ⅲ遊戯期			自主性対罪悪感					
Ⅱ幼児期初期		自立性対恥・疑惑						
Ⅰ幼児期	基本的信頼対基本的不信							
生物的発達	1 口唇期	2 肛門期	3 男根期	4 潜伏期	5 性器期	6 若い成人期	7 成人期	8 老熟期
重要な関係の範囲	母親的人物	親的人物	基本的家族	近隣・学校	仲間集団と外集団	友情,性愛,競争,協力関係のパートナー	分担する労働力と共有する家族	人類・親族

(出典：Erikson, E. H. 1959 *Identity and the Life Cycle, Psychological Issues* 1 (1) New York: International Universities, Monograph 1.／小此木啓吾訳『自我同一性』誠信書房，1973年)

可能であるが，ここでは一般的な流れ（典型発達の場合）と情緒の発達に特異性が見られる場合（自閉症スペクトラム）について述べていく。

　生まれた直後の感情表出は，産声に代表される不快／興奮といえる。暑さや寒さ，空腹，排泄など，さまざまな不快感を泣くことによって表現する。ブリッジェス（Bridges, 1932）によれば，最初は未分化の興奮状態である不快感情から，やがて快，怒り，嫌悪，恐れなど，感情が分化していくことが示される（桜井・大川，1999）。多様な感情の経験と理解，適度な感情表出などを通して情緒が育つなかで最も重要とされるのは，幼少期における愛着の成立，基本的信頼感の獲得である。

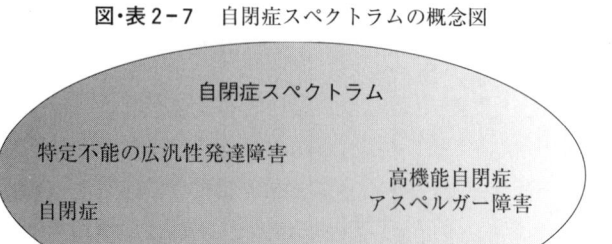

図・表2-7　自閉症スペクトラムの概念図

　　　　　自閉症スペクトラム
　　特定不能の広汎性発達障害
　　　　　　　　　　　　　高機能自閉症
　　自閉症　　　　　　　　アスペルガー障害
　　　　　　　低＜IQ70＜高

（出典：高原光恵「高機能自閉症」七木田敦（編著）『キーワードで学ぶ障害児保育入門』保育出版社，2008年，p.110を改変）

　発達の進み方はほぼ連続的ではあるが，質的に他の時期とは異なる，ある程度まとまりのある過程（段階）が認められ，それらを発達段階と呼ぶ。発達段階の分け方には複数提案がなされているが，それぞれの時期に応じた達成すべき課題，発達課題がある。

　なかでもエリクソン（Erikson, E. H.）の心理社会的発達段階（図・表2-6）によれば，乳児期の発達課題は基本的信頼感の獲得であり，基本的不信感の元では情緒の安定には至らず，のちのライフサイクルにも影響を及ぼすこととなる。この時期に身近な他者への信頼感（母，特定の保育者など）をしっかりと体得し，愛着を形成しておくことが以後の情緒の安定や自己の主体性の確立につながっていく。

　定型発達の乳幼児では，視覚が機能し始めるころから物よりも人の顔に注目する傾向が見られ，また，親しい人とそうではない人の声に対しても反応が分かれるようになる。やがて生後7～8か月頃には人見知りが生じ，特定の養育者以外に対する拒否的な反応が見られるようになる。

　人見知りは，身近な他者とそれ以外の者を区別し始めた発達の表れである。そして，基本的信頼感が獲得された後には，積極的な探索行動や環境からの情報の取り入れなど，自ら主体的に成長していく基礎が積み上げられていくと想定される。

　それに対し**自閉症スペクトラム**（図・表2-7）の乳幼児には，発達過程にお

いて定型発達とは異なる様相が見られる。自閉症スペクトラムとは，ウィング (Wing, 1996) が提唱した概念である。自閉症の主症状が強く，知的障害もあわせもつ場合（カナータイプの自閉症）や，自閉症の診断基準を完全には満たさない場合（特定不能の広汎性発達障害），自閉症の主症状が認められるが全般的知的発達には遅れが見られない場合（高機能自閉症，アスペルガー障害），そして個性的で変わった人と見なされる場合（個性）も含めて，それぞれに異質な別個のものとしてではなく，連続体としてとらえられている。

自閉症スペクトラムの具体的な臨床像としては，次のような行動がある。目を合わせない／視線を外さない，極端にマイペース，特定の事柄に対する類まれな根気強さ，人見知りをしない（警戒心のなさ），人の気持ちを読み取ることが苦手（失礼な発言，イライラしている相手に気づかない，暗黙のルールがわからない），協調運動のぎこちなさ，聴覚性言語理解が苦手，細部への観察力に優れる，などである。その他，生活リズムの乱れ（睡眠障害）が認められたり，感覚の過敏さ／鈍感さが偏食やこだわり行動，怪我の放置などに表れたりすることもある。また，言語コミュニケーションの障害としては，発語がないということに限らず，一方的に話しかける，字句通りの解釈，抑揚のなさなども含まれる。

自閉症の原因としては，中枢神経系における統合機能の障害，心の理論の障害，ミラーニューロンの障害など，さまざまな原因が推定されている（橋本，2008）。対応の一つとして，人の動きや時間の流れ，そして物理的な環境も見通しが立ちやすいように整えるなど「視覚的構造化」の有効性が認められており，こうした環境設定は，発達障害のない幼児にとってもわかりやすい／過ごしやすい場となる。

自閉症との診断を受けたあとの乳幼児期に関する回顧的な報告として，極端に母から離れない，一瞬でも姿が見えないと大騒ぎで大変であったというものもある。しかし多くの場合には，幼いころに親の後追いもなく，ひとり遊びを好み，手のかからない子どもであったというエピソードが共通して聞かれる。5歳を過ぎたころにようやく母親を認識し，それから甘え始めた例もある（橋

本，2009)。こうした行動は，発達経過をたどる時間的な遅れではなく，質的に異なるものと想定されている。自閉症スペクトラムの子どもたちは他者に関心がないというよりも，関心のもち方，愛着関係のとり方が異なるのである。

たとえば，自閉症スペクトラムの子どもたちは人の好き嫌いが激しい傾向にあるが，彼らが家族以外に慕う人，信頼する人を観察するといくつか共通点が見いだされる。温和（大きな声は苦手），率直（回りくどい言い方をしない／嫌みを言わない），行動の一貫性（言行一致またはわかりやすい態度）などが挙げられる。集団生活のなかでは，自閉症の特性による行動は保育者を戸惑わせることもあるかもしれない。そのようなときには，子どもと周囲の状況をよく観察し，できれば時間的な前後関係もよく見通してみるとよい。そのうえで，保育者側の感情的な先入観を排除し，よいことは「よい」，してはいけないことは「ダメ」と，シンプルに伝えるのである。子どもの反応は正直であることを念頭に，穏やかに接し続けてほしいと思う。

2 発達理論

1．愛着理論

ボウルビィ（Bowlby, J. M.）は，愛着行動の形成過程を本能的な行動傾向として，**前愛着段階**（誕生～12週頃），**愛着形成段階**（～6か月頃），**明瞭な愛着段階**（～2歳頃），**目標修正的協調関係の段階**（3歳頃～）とする4段階に分けた。

愛着とは，潜在的な危機を感じたときに，特定の対象を安全基地として求める行動であり，愛着が形成されてこそ，そこから少しずつ離れてさまざまな興味関心への探索行動が可能となる。愛着は，心身の発達が未成熟な乳幼児期のみに関係するものではなく，幼少期の愛着形成によってその後の発育，情緒の安定など，発達への影響は大きい。

愛着が形成されたことにより，次の発達段階へと進むことができ，身体的に

も行動範囲の拡大,経験の拡大へとつながる。また,それらの経験の拡大からさらに心的機能の発達へとの相乗的な効果がもたらされると考えられる。また,愛着は乳幼児期の無力な存在として受動的に与えられるものではなく,主体的に獲得される観察可能な行動としても表れる。

年齢が上がったときにも存続し,受動的／依存的な感覚ではなく,相手に対する信頼感,危機的状況には助力が得られる期待感など抱き続けることとなる。

愛着が外的な要因により正常に確立できなかった場合に生じる症状の一つに,**反応性愛着障害**という状態がある。これは養育者に対して,過度に甘えを示したり,逆に素直に甘えられない態度を示したりする。ただし,この反応性発達障害は,虐待等の環境要因に起因するものであり,機能的な発達障害とは根本的に異なるものである。また,この愛着関係の確立は母子間や家族に限定されたものではなく,保育者など他の養育者の間での安定した関係により,改善に向かうことがあるという点も理解しておきたい。

2．認知的発達理論

障害のある子どもの記憶,思考などの認知機能の発達を考えるうえで,**ピアジェ**（Piaget, J.）[6]の理論は重要な示唆を与えてくれる。ピアジェは,認知的な発達は子どもと物理的環境との相互作用のなかで発生する,という仮説をもとに発達段階論を提唱した（p.29,図・表2-1）。

子どもはまず,目や耳などの感覚を手がかりに,空間に実際に移動しながら環境とかかわることで,世界を認識していく（感覚運動期）。そして次に,触れることができる手がかりを象徴的なものとして,見立てなどを利用して思考を展開できるようになる一方,「自己中心性」という限界をもつ段階（前操作期）へと進む。しだいに,他者の視点も利用することが可能となり,数や量の

6：ピアジェは障害をもつ子どもの発達については,ほとんど語っていないが,ピアジェ派の研究者たちによる障害児研究は存在している。たとえば,ジグラーやホダップの研究が挙げられる。ジグラー・ホダップ　清水貞夫・小松秀茂訳『ジグラー学派の精神遅滞論』田研出版,1990を参照。

可逆性が理解できる具体的操作の段階（具体的操作期）へと移行する。そして最後に，記号操作が抽象化することで，より高次な概念や知識が形成され，仮説推論などが可能となる段階（形式的操作期）へと，順に発達していく。

ピアジェは，環境との相互作用のなかで，シェマ（schema）と呼ばれる認知構造を自己のなかに形成し，このシェマが年齢に応じて構造的に変容していく過程を系統的に示した。このプロセスにおいて，子どもは認知的葛藤を調節し同化していくことで，発達を遂げていくと考える。

以上のように，ピアジェは，認知機能を構造的にとらえ，環境と個人との相互作用のなかで知識が構成されていくと考えたのである（Piaget, 1970）。

この考え方に従えば，子どもは対象へ働きかけ，対象からフィードバックを受けることにより世界の知識を獲得していく。たとえば，2歳児の子どもはボールを投げたり，たたいたり，転がっていくのを見ることで，ボールの特性や性質を学んでいく。

直接的な身体活動を通してさまざまな出来事を体験し，知識を構成していくのである。ピアジェの発達論は，子どもの探求する姿を描き出し，物理的環境との相互作用のなかで段階的に認知的機能が発達していくと考えるのである。

ピアジェの発達論を踏まえるならば，障害のある子どもの知的好奇心を活用した環境の整備や，障害の特性や子どもの認知的特性に合わせた物理的環境の整備が必要とされる。また，保育者の適切なフィードバックの重要性も指摘できるだろう。

3．文化歴史的発達理論

ヴィゴツキー（Vygotsky, L. S.）によれば，子どもは生まれながらにして社会的存在である。乳幼児期から，子どもの周囲には家族や保育者など，さまざまな他者が存在し，彼らとの相互作用のなかで，さまざまな文化的な振る舞いを獲得していく。

たとえば，食事場面では，食器（スプーン，フォーク，箸など）などさまざまな文化的道具が配置され，周囲の養育者によって「ごはんを食べる」ための

行為が奨励され方向づけられる。このように子どもは，文化的な道具や社会的な他者との相互作用のなかで発達を遂げていくと考えられるのである。

　ヴィゴツキーは，発達を「自然的発達」と「文化的発達」という2つに区分けしている（Vygotsky, 2005）。自然的発達とは生物学的な機能の成熟の過程であり，文化的発達とは言語をはじめ文化的道具を媒介とした高次精神機能（記憶，思考など）の発達過程である。通常は，自然的発達を基礎に文化的発達が進み，それは次第に交差し統合されていく。

　しかしながら障害がある場合，その障害ゆえに文化的な発達に困難が生じる。ここで，ヴィゴツキーは障害に対してマイナスの側面だけではなく，プラスの側面を指摘している。その障害ゆえに生成され，その障害をカバーする「補償」の過程が，障害のある子どもの発達の独自性であるという。

　目が見えない場合は手で文字を読み，耳が聞こえないときには目で言葉を読む。ヴィゴツキーは，この点字や手話を，文化的な「回り道」であるという（Vygotsky, 2005）。このように，障害に応じた「回り道」による「補償」が，障害のある子どもの発達過程なのである。

　また，ヴィゴツキーはこの「補償」の源泉として，集団の意味を強調している。個別的な発達や障害に応じた活動も大切であるが，多様な能力をもつ集団のなかにこそ発達や学習の機会があり，子どもの潜在的な可能性を引き出すと考えたのである。このような考えを表すのが，最近接発達領域の概念である。

　子どもが一人で解決可能な領域と，他者と一緒であるならば解決可能な領域との狭間を指すこの概念は，障害のある子どもの保育者や周囲の友達との関係性のなかにある教育的意義を表している。

4．情動の発達理論

　発達における情動の問題を考える際，とくに重要視されるのが対人関係や社会的な働きについてである。この点について，ワロン（Wallon, H.）の考えは示唆に富む（Wallon, 1983）。

　ワロンは，人間の行動を，外界からの刺激に対して直接的に反応する適応行

動と，内界の反応として自分自身の姿勢などに表れる情動反応に分けている。

外界への適応活動は外からの刺激を受容して，その刺激に対して手を伸ばしたり，払いのけたり，走ったりすることである。それに対して，ワロンは，情動を他の感覚とは異なるものとして，外界に向かう適応的な活動とは別の位置づけをしている。

情動は，他の感覚と同様，外からの刺激を受け取ることにより生じるのだが，生じる反応は直接外界に向かうものではないという。震えたり，身構えたり，身体を固くしたりするなど，内部感覚や自らの姿勢の感覚の緊張（自己受容感覚）を高める反応が生じる。この姿勢反応そのものは外界に直接作用するものではない。

ただ，このような姿勢反応として，泣き顔，笑顔などの表情や，身体的反応として，他者にさまざまなメッセージを与え，有効なコミュニケーション機能を果たすのである。

以上のような，ワロンによる情動のとらえ方は，障害のある子どもの，目には見えない感情の機微や揺れ動きを理解するうえで意義深いものである。とりわけ，言語的なコミュニケーションができない子どもたちの表情や身体に表れる変化から，内なるメッセージや感情の揺れ動きを読み取ることが重要である。

5．発達をふまえた保育

本章では，障害と発達について，乳幼児期における知能，身体，視覚，聴覚など，さまざまな発達の様相と，主要な発達理論を概説してきた。最後に，発達をふまえたうえで，どのような保育が求められるかを考えていきたい。

発達と保育・支援の関係を考える際に，ヴィゴツキーの考え方が手がかりとなる。ヴィゴツキーは，発達と教育の関係について以下の3つの立場を紹介している（Vygotsky, 2001）。

1つめが，発達と教育はそれぞれ独立したものとして考える立場である。教育から発達に与える要因を排除して，純粋な「発達」を研究対象としようとする。この立場によると，発達に対する教育の役割は小さくなる。

2つめは，発達＝教育と考える立場である。教育したことがすべてそのまま成長・発達につながるという考え方である。この考え方でいけば，スポンジに水を含ませるように，教えれば教えるほど子どもは成長し，教えたことは素直に学びとられるという受動的な子どもが想定される。

　3つめは，先の2つの立場の折衷案である。教育は発達に影響するし，発達したことが教育にも影響を与えるという立場である。発達を下敷きとして，教育を受けることで新しいことを学習し，学習したことがその他の領域にも援用できるようになる（転移）。

　ヴィゴツキーはこれら3つの立場を整理したうえで，そのいずれでもなく，「教授はそれが発達の前をすすむときにのみよい教授である」と語る（Vygotsky, 2001）。つまり，「発達に応じた教育（発達の後を追う教育）」のあり方が正しいのではなく，発達に対して積極的に働きかける援助の重要性を指摘しているのである。

　障害のある子どもを保育する際，子どもの発達を低く見積る傾向となり，あまりにも手厚い支援をしすぎて逆効果になる場合がある。子どもの発達に寄り添うだけでなく，子どもの発達の一歩先を行く（先にも述べた**最近接発達領域**を念頭に置いた），保育を考えていく必要があるだろう。

　保育という集団生活のなかでは，どうしても，子どもの気になる部分（できない部分）をクローズアップして注意がいきがちである。しかしながら，障害のある子どもの保育を考えるうえで，忘れてはならないのが，**その子の長所，得意な部分**である。

　認知機能，運動発達など発達の諸側面で得意，不得意の差が激しいときには，得意な部分を失わないよう積極的に活用することが，将来の心身機能の発達や二次障害の予防にも役立つことになる。これは，こだわり行動が見られる場合にも同様で，生活安全面に支障を来すようなものでない限り，こだわりは集中力，専門性を育む重要な特性として，利用／発展させることが試みられる。

　また，苦手なこと，課題となる行動については，客観的な状態／状況把握が大切である。視覚障害によって視力低下，視野の制限が生じている子どもが，

机に伏せるようにして絵本を見ている状況に対して,「背筋を伸ばして,顔を近づけずに見なさい。がんばれば見える」などとはおそらくいえないだろう。

その代わりに,眼鏡やルーペなど光学的補助を活用したり,姿勢が悪くて疲れやすい／集中できないなど二次的な障害を防ぐために書見台を使用したり,その子に合った「見えやすい環境」を整えることで発達を促すのである。

この例と同様の配慮が,発達障害の子どもたちにも求められている。社会性の問題,順番待ちでのトラブルなどが生じたときには,学ぶ練習のチャンスではあるが,課題解決のヒントの出し方に工夫が求められる。行動面の修正を獲得していくには,スモールステップでの目標提示をはじめ,意欲や自尊感情を損なわないよう,できないことへの注目ではなく,できていることにも注目し,気づいていることの合図を示すなど,方法はいくつかある。

たとえば,遊んだ後の片づけ場面で,「さぁ,みんなと一緒に片づけよう」と声をかけても動けない場合には,いくつもの原因が考えられる。床に散らばっているのは,おもちゃとか絵本とか色とりどりのブロックとかさまざまであり,種類が多くて困惑しているのかもしれない。あるいは,多くの子どもたちがそれぞれに動くなかで,自分がどう動いてよいのかわからなくなっているのかもしれない。そもそも指示が理解しにくいのかもしれない。

スモールステップでの進め方としては,最終的なゴール(例：部屋の中のおもちゃをそれぞれの箱に入れる)までの手順としてどのような作業があるのか,具体的に列挙してみると,わかりやすいだろう(例：おもちゃの箱を部屋の中央に持ってくる,人形を拾い人形用の箱に入れる,ミニカーを拾い箱に入れる,ブロックを拾い箱に入れる,絵本を本棚に立てかける,それぞれの箱を部屋の隅に戻す)。

そのなかで,いちばんできそうな段階から徐々に実行してもらうのである。床一面に広がるおもちゃに一度に取りかかるのではなく,保育者が,同じ箱に入れるおもちゃを数個ずつ集めて,そのそばに箱を持っていく,あるいはフープなど明確な枠を床において,その中に入っているおもちゃだけをしまう作業にする,などである。

保育においては，障害の有無に関係なく，何より保育者と子ども，保護者と子ども，友達同士の関係性にも目を向けることが大切である。とりわけ保育では，子どもは，集団のなかで育っていく側面が大きい。人生初めての集団生活となる保育の場では，発達を促進するさまざまな可能性や個々の特性に気づく視点をもって対応していくことを願う。

(高原　光恵・岡花　祈一郎)

演習問題
- A.「自閉症スペクトラム」を踏まえたうえで，自閉症の子どもの発達特性について説明してみよう。
- B. 新入児のなかに「弱視」のある子がいる場合，保育の場での適切な対応や環境整備のために，どのような準備を行ったらよいか考えてみよう。
- C. 障害の診断はないが，標準的な発達とは少し異なる様相が見られる場合，どのような保育を心がけたらよいか考えてみよう。

3章 障害児理解の方法

　自分の気持ちや考えを言葉で表現することが苦手な子どもたちの行動を理解するには，さまざまな工夫や努力が求められる。さらに，適切な支援を行うには，子どもを取り巻く環境や成育歴を把握することも重要になる。

　障害のある子どもたちを理解するためのさまざま方法について学び，「できないこと」や「困ったこと」への対応を考えるだけでなく，「できる方法」や「喜ぶこと」をたくさん見つけ，「一人の子ども」としての生活を豊かにすることを大切にしてほしい。

1 障害が発見されるまで

1．障害の発見と療育の開始

　心身の障害は，できるだけ早期に発見し早期からの対応を行うことが必要だといわれる。その理由は下記のようなものである。
① 早期に発見し適切な医療的措置を施すことによって，障害そのものの発生を防いだり，程度を軽くすることができる。（例　フェニルケトン尿症，クレチン症，口唇口蓋裂）
② 早期からの療育により，障害で失われた機能の補償や代替手段の獲得を行い，その後の学習への影響を軽減することができる。（例　聴力障害，弱視，肢体不自由）
③ それぞれの子ども特有の運動パターンや習癖が固定する前に，働きかけ

を行うことで，手指の操作や移動能力の獲得を阻害されることなく，身体機能を十分に発揮することができる。(例　脳性まひ，ダウン症候群)

④　自発的に環境に働きかける力が弱かったり，認知や表現の方法が独特であるために，人との関係を築くことが難しい場合に，療育の専門家が保護者にアドバイスやコンサルテーションを行うことで，働きかけを改善し，関係をとりやすくすることが可能になる。(例　自閉症，知的障害，聴力障害)

　いずれも，**早期発見**によって障害の悪化や，**二次的障害**の発生を防ぐことが目的であり，発見後に適切な支援がなされることを前提としている。早期発見が適切な早期対応につながらなければ，いたずらに保護者の不安や心配を高める結果になる。

　筆者は，1歳6か月健診でわが子に知的障害がある可能性を指摘された母親が，そのあと，抑うつ状態になり，それまで問題なく行っていた育児が全くできなくなってしまったという例に遭遇したことがある。障害の告知に関して，精神的な傷つきを抱えている保護者は思いのほか多く，客観的なアセスメントで子どもに障害があることが明らかな場合でも，保護者への告知は慎重に行われなければならないことを強く感じる。

　診断やアセスメントの結果がどのように伝えられたか，保護者の精神的なショックに対してどのような対応がとられたか，といったことが，その後の子どもに対する養育姿勢や，療育への積極性に大きな影響を与える。療育や保育の開始にあたっては，子どもに関する成育歴を聴きながら，保護者の経てきたショックや傷つきをしっかりと受け止めることが大切になる。

2．比較的早期に障害が発見される場合

　出生と同時に障害が発見されるものとしては，口唇口蓋裂，先天性四肢欠損症等がある。また，出生後1年以内に発見されるものとしては，脳性まひ，盲，高度難聴，ダウン症候群，等がある。

　一般的に，多くの妊婦が抱える妊娠期間中の不安，および身体的負担や出産

に伴う苦痛は，出産し，わが子と対面した瞬間に大きな喜びに変わる。しかし，対面した子どもに一見してそれとわかる障害があった場合，母親のショックと悲嘆は大きい。

「なぜ」という問いが頭を離れず，後悔の念にとらわれることも多い。「どうして健康に産んであげられなかったのだろう」と自分を責めたり，家族や親戚に対して申し訳ないという気持ちをもつ。また，ただでさえ，不慣れな新生児の世話に加え，医療的な措置と今後の療育に関する不安や心配，周囲の視線や言葉に対する懐疑的な気持ちなど非常に複雑な精神状態に陥る。待ちに待ったわが子のはずなのに，どうにもかわいいと思えないこともある。

このようなときこそ医療スタッフからの丁寧な説明や，家族の支えが不可欠である。場合によっては心理カウンセラーやソーシャルワーカーがかかわることによって当面の育児を支援し，現実を受け止めることができるようにサポートすることが必要である。

一方，出生後しばらくして障害が疑われた場合にも，不安・心配が大きく膨らむが，出産直後のように医療スタッフや家族が常時身近で見守るという状況にはない。そのため，子どもの発達に不安があっても医療機関の受診をためらったり，母親が一人で悩みを抱え込むということが起きやすい。

多くの自治体では，担当保健師が出産後1か月以内に，新生児のいる家庭を訪問して，母子の健康状態や発育上の相談にのり，育児を支援している。また，生後3か月，10か月といった時期に集団での健康診断を行ったり，母子健康手帳の配布時に医療機関での健康診査の無料受診券を添付することで，乳児の病気や障害の早期発見と早期からの適切な対応に努めている。

さらに，厚生労働省は平成19（2007）年度から，「生後4か月までの全戸訪問事業」いわゆる「**こんにちは赤ちゃん事業**」を各市町村単位で実施することを決めた。保健師，保育士等の専門職経験者をはじめ子育て経験者等の中から選ばれた訪問員が生後4か月までの乳児のいるすべての家庭を訪問し，さまざまな不安や悩みを聞き，子育て支援に関する情報提供等を行う。

障害児の育児に限らず，乳児を抱える家庭の孤立化を防ぎ，母子の健全な育

成を図るための事業であり，子どもの健康状態や発達に不安を抱く保護者の状況を早期に把握し，支援が必要な家庭に対する適切なサービス提供につながる機会となることが期待される。

3．障害の発見に時間がかかる場合

　知的障害や自閉症，その他の**発達障害**で運動発達の大幅な遅れが伴わない場合には，障害があることに気づくのが早くて1歳すぎ，場合によっては就学時健康診断で初めて発達の遅れや偏りが問題にされる。

　保育所・幼稚園への入園をきっかけに，障害があきらかになることも多い。家庭にいるときにはそれほど問題にならなかった発達の遅れが，同年齢の子どもたちの中で顕著になる。たとえば，年齢相応の生活習慣の獲得ができない，短時間でもじっとしていることが困難，こだわりが強く気持ちの切り替えがなかなかできない，といった特徴が集団生活への適応の難しさとなって表れてくるのである。

　経験を積んだ保育者であれば，クラスの中での子どもの様子を見て発達の遅れや，自閉的な特徴に気づくことは難しくない。園のすすめで相談機関を受診し，アセスメントや診断を受けることにつながる場合もあるが，保育者が子どもの障害に気づいても保護者に認識がないと思われる場合には，慎重な対応が必要である。

　療育機関への相談をすすめても，保護者に問題意識が薄いとなかなか受診につながらないばかりか，かえって保護者との関係がうまくいかなくなったという苦い経験をもつ保育者も多い。

　結果的に，就学時の健康診断で初めて発達の遅れを指摘され，混乱したり，小学校入学後に学習不適応が顕著になって，相談機関を訪れるという場合もある。

　就学後であっても，学習不適応の原因が発達障害にあることが判明して，適切な支援を受けられれば，子どもや保護者の心理的な負担は軽減されるが，時には，発達障害が見過ごされたままでストレスの高い学校生活を強いられ，精

神的に不安定な状態に陥ったり，不登校や非行といった問題につながっていくこともある。

　二次的な障害を防ぐためには，やはりできるだけ早期に子どもの課題を正しく把握し，保護者も含めた支援を行っていくことが必要である。

　このような実態をふまえ，3歳児健診では明らかになりにくい，知的障害がない・あるいは軽度の，発達障害（ADHD, LD, 軽度の知的障害，高機能自閉症，アスペルガー障害）を発見し，早期からの対応を行うために，5歳児健診を取り入れる自治体が増えている。

4．入園にあたっての保護者の意識

　障害があることが比較的早期にはっきりするケースでは，障害があることもわが子の一部として保護者がまるごと受けとめ，困難があっても守り育てていこうという決意を経て，ある種の覚悟をもつことになる場合が多い。したがって，保育所・幼稚園への入園を考えるときにも，保護者が子どもの状態をできるだけ園に理解してもらい配慮を求めやすい。

　障害のある子のために担当の保育者を増やすことが難しい保育施設では，特別な配慮を求めると，受け入れに難色を示すという場合もある。しかし，いったん，受け入れが決定したあとは園と保護者が共通の認識をもち，連携してよりよい保育環境を考えやすい。

　他方で，一見しただけでは，障害のあることがわからない場合や，家庭にいるときには，はっきりとは気づきにくい問題を抱えるケースでは，保護者がその事実を受け止めるのに時間がかかることが多い。

　田中（2009）によれば，後に発達障害と診断された子どもの保護者の80％以上が，子どもが3歳になる以前に「うちの子どもはどこか周囲の子どもと違う」と気づいているが，その確認のために相談・医療機関を訪れるには，今しばらくの時間を必要とするという。そして，この気持ちの裏側には，「明日になれば変わっているのではないだろうかという未だ見ぬ育ちへの期待と，現実の子どもの様子への心配が両極端にある」と述べる。

河内ほか（2005）が保育者を対象として実施した統合保育の実態調査報告の中では，統合保育に伴う困難な点として，「保護者の障害の受け入れが十分でないと保育がやりにくく，信頼関係づくりに困難を感じる」ということが挙げられている。これに関連して浜谷（2005）は保育者が保護者との関係づくりに悩む場合として，次の3点を挙げている。

① 保育者が保護者とは異なる場で子どもを見ているということを考慮せずに，保護者に同じ見方を要求する場合
② 保育者が保護者の障害受容の状況を考慮せずに，保護者が保育場面での子どもの姿を保育者と同じ見方ができると思い理解を求める場合
③ 保育者と保護者の育児方針が大きく異なる場合

子どもに障害があることを「受け入れる」あるいは「受け入れない」という言い方がされがちだが，徐々に障害があることがはっきりしてくるケースでは，保護者はわが子が「障害がある子になっていく」過程を不安と期待の間を揺れ動きながら，少しずつ体験していかなければならない。保育者には子どもへの支援と同時に，保護者がわが子の障害に気づき，受け入れていく過程を支援する役割も求められている。

2 保育現場でのアセスメント

1．アセスメントとは

アセスメントとは，実態を多面的に明らかにするための情報収集である。

アセスメントは，保育者自身が行う必要があるが，巡回相談等で協働する心理士等によって客観的に行われたアセスメントの結果や，医療機関，相談機関で行われた結果を活用する場合もある。さらに，保育カンファレンス等を通じて，複数の観点からのアセスメント結果の妥当性を客観的に検討し，子どもの実態を正確にとらえることが可能になる。

ここでは，障害のある子どもをはじめとして，特別な支援ニーズをもつ子ど

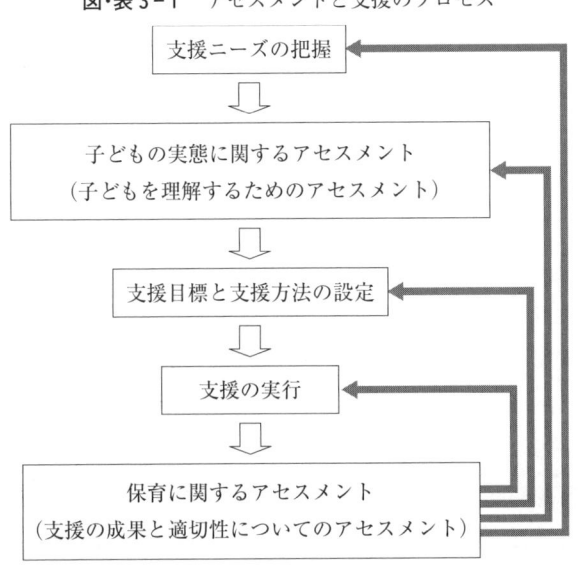

図・表3-1　アセスメントと支援のプロセス

```
┌─────────────────┐
│  支援ニーズの把握  │←──────┐
└─────────────────┘        │
        ⇩                  │
┌─────────────────────────┐ │
│ 子どもの実態に関するアセスメント │←┤
│ (子どもを理解するためのアセスメント)│ │
└─────────────────────────┘ │
        ⇩                  │
┌─────────────────────┐     │
│  支援目標と支援方法の設定  │←──┤
└─────────────────────┘     │
        ⇩                  │
┌─────────┐                │
│ 支援の実行 │←──────────────┤
└─────────┘                │
        ⇩                  │
┌───────────────────────────┐│
│   保育に関するアセスメント    ││
│(支援の成果と適切性についてのアセスメント)│
└───────────────────────────┘
```

もに対して行われる，アセスメントと支援の過程について見ていくことにしよう。

　保育現場におけるアセスメントは，まず，**支援ニーズ**の把握からスタートする。誰が支援を必要としているのか，何に困っているのか，どのような支援を必要としているのかが「支援ニーズ」である。子どもに関して何らかの「困り感」があるときに，まず，子どもの実態に関するアセスメントが行われる。そして，実態に合わせた**支援目標**が立てられ，具体的な**支援方法**が選択される。

　目標の達成に向けて支援が実行された後は，成果と適切性についてのアセスメントがなされる。このプロセスを繰り返しながら，子どもが安心して，主体的に，生き生きと活動できるような保育環境をつくっていくことが，保育におけるアセスメントと支援の最終的な目標といえるであろう。

　したがって，アセスメントでは「何ができないか」，「なぜできないか」を明らかにすると同時に，「何ができるのか」，「どのような場合にできるのか」を把握することが非常に重要である。

2．子どもの実態に関するアセスメント

　支援を必要とする子どもについて理解するためのアセスメントの方法としては下記の5つがあげられる。

① さまざまな状況での**行動観察**
② 日常的な行動や，性格の特徴に関する保護者からの情報収集
③ **生育歴**，病歴，家庭環境等に関する保護者からの情報収集
④ 標準化された検査やテストの実施（図・表3-2）
⑤ 医療機関，療育機関から提供された情報の活用

　一般的に「アセスメント」というと，④の検査やテストを思い浮かべることが多い。しかし，多くの保育所・幼稚園が，入園申込の受け付け後に，面談を行ったり，行動観察をしており，これが最初のアセスメントである。さらに入園決定後は，それぞれの子どもの生育歴や，病歴，家庭環境等を把握し，さまざまな配慮や，よりよい働きかけができるように工夫を行っているが，こういった情報収集もアセスメントと考えることができる。

　障害のある子どもの場合には，定型的な発達を示す子どもたちに比べて，個人差が大きく，個別の丁寧なアセスメントを行う必要がある。

　その際には，まず保護者から，②，③の情報収集を丁寧に行うことが大切である。面接にあたって母子手帳を持参してもらうことで，出産前からの生育歴について正確な情報を得ることが可能になる。さらに，必要に応じて④の標準化された検査やテストの実施，⑤の医療機関，療育機関から提供された情報の活用が有効である。

　保育者自身が直接発達検査を実施する機会はないかもしれないが，提供された検査結果が示す情報を読み取る力はつけておく必要がある。保育現場における支援は，支援ニーズを的確に把握し，①～⑤に示したアセスメントの手段を活用して子どもの実態を正しくとらえることから始まる。

3．入園にあたってのアセスメント

　障害のある子について，保護者が子どもの障害を認識したうえで保育所・幼稚園での保育を希望する場合，「地域の子どもたちと共に生活し，共に育つ体験をさせたい」という思いが最初にある。また，どこかに「保育所・幼稚園は健常児を対象としたもの」という意識があって，受け入れてもらえるなら多くは望まないという保護者も多い。

　他方で，それまで一生懸命療育機関に通い，わが子の成長を精一杯支援してきたという思いのある保護者は，子どもが健常児集団の中でさらにめざましい成長を遂げることを強く望む。

　このように，保育に対してあきらめたり，逆に過剰な期待を寄せたりしている保護者が，実際の保育の場では，障害の有無にかかわらず，すべての子どもが仲間をつくり，生き生きと遊び，日々の生活を充実させる，そういうことが大切にされていることに納得し，安心してわが子を託せるようになることが望ましい。そのためには，入園にあたってのアセスメントを丁寧に行い，**保育の目標**について関係者が共通の認識をもてるよう，話し合っておくことが必要である。

　障害のある子の保育所・幼稚園への受け入れにあたって，関係者による**ケース会議**が実施される場合もある。関係者とは，医師，保健師，療育現場の専門職（通園施設指導員，心理士等），そして保育関係者（所長，園長，および教育委員会，児童福祉課等の行政における管轄課担当者やソーシャルワーカー）を指す。

　そして，生育歴，医療機関による診断結果，保護者から得られた家庭環境の調査情報などの資料をもとにアセスメントを行い，集団保育への適否や，支援の内容（介助者の配置，安全への配慮）が決定される。

　これについて鯨岡（2009）は「このアセスメントの中身は，たいてい医療的見地からとりあげられた障碍（○○ができない，こういった困った行動をする）を査定することが大半で，その『遅れ』や『負の行動』を改善ないし低減

して，健常な子どもに近づけようという強い方向性をもってなされる場合がほとんどです」と指摘する。

そしてさらに，「障碍特性に応じた『特別な対応の仕方』で関わることが障碍児への特別支援であるという考え方に傾きがちです」と述べ，障害を補償することに重点が置かれ，「ひとりの子どもとしての生活」を大切にする視点が忘れられることを危惧している。

保育者は保護者とともに「ひとりの子どもとしての生活」を最も身近で支援する者としての視点から，アセスメントの結果を保育に生かすことを考えなければならない。

4．検査結果の活用

心理検査には知的発達や運動発達の状態を評価することを目的としたものをはじめとして，社会性の発達状態を評価するもの，親子関係の特徴をみるものなどさまざまなものがある。子どもの発達が順調かどうか，何らかのつまずきの有無，どのような側面でつまずきを抱えるのかといった点を明らかにするのに使われるのが「発達検査」や「知能検査」である。

心理的発達の評価にあたって一般的に用いられるのは「知能検査」であるが，乳幼児期の子どもには**発達検査**」が用いられることが多い。理由は，第一に乳幼児期の子どもは心理的側面，身体・運動的側面，社会側面の発達は未分化で，問題解決能力を中心とする「知能」のみを単独で測ることは困難であること，第二に提示された課題の意味理解や，コミュニケーション能力，集中力が十分でない乳幼児に多くの課題解決を求めることはむずかしいことである。

「発達検査」はこのような点を考慮して，運動，言語，認知，生活習慣などのさまざまな側面から発達をとらえられるような課題が用意され，保護者からの聴取や，観察によって得られた情報をもとに発達状態を評価できるものが多い。子どもと直接やり取りを行う場合には，十分な言語能力がなくとも理解しやすく，反応を測定しやすい課題が用意されている。

図・表3-2に乳幼児期に使用されることの多い心理検査を示す。このうち，

図・表3-2 乳幼児期に適用可能な発達検査及び知能検査

	検査名	方法	適用年齢	所要時間	結果の表示
1	遠城寺式・乳幼児分析的発達検査法	保護者からの聴取,観察,直接検査	0か月～4歳8か月	15分	運動,生活習慣,言語等,6領域についてプロフィールを作成
2	乳幼児精神発達診断法(津守・稲毛式)	保護者からの聴取,観察	0歳～7歳	20分	運動,探索,言語等,5領域についてプロフィールを作成
3	乳幼児発達スケールKIDS	保護者からの聴取,観察,直接検査	0歳～6歳11か月	20分	運度,操作,言語,概念,社会性,しつけ等9領域についてプロフィールを作成
4	新版K式発達検査2001	観察,直接実施	0歳～成人	30分	運動,認知,言語の領域別に得点を算出。領域別発達指数とプロフィールを作成。
5	WPPSI知能検査	直接検査	3歳10か月～7歳1か月	45分	各領域ごとの評価点をもとにプロフィールを作成 動作性,言語性,全検査の3種の知能指数を算出
6	田中ビネー知能検査	直接検査	1歳～13歳	30分	精神年齢,知能指数を算出 プロフィールなし
7	K-ABC心理・教育アセスメントバッテリー	直接検査	2歳6か月～12歳11か月	30分	認知処理過程と知識・技能の習得度,継次処理と同時処理といった観点別にプロフィールを作成

1から3までは,主として保護者や保育者からの情報にもとづいて評価を行うもので,4から7については,主として直接課題に対する反応をみるものである。

検査結果は「**発達年齢**」,「**発達指数**」,「**プロフィール**」といった形で表わされる。検査結果をみるにあたって基準となるのが「生活年齢」であるが,これは検査を受けた子どもの実際の年齢である。発達検査の各課題は,同年齢の子どもたちの60%～70%ができる課題を年齢相当の課題として設定されている場合が多く,何歳相当の課題を通過できるかによって「発達年齢」が決定される。

「発達指数」は，「生活年齢」に対する「発達年齢」の比（％）で表わされ，次の式で求められる。

$$発達指数（DQ）＝\frac{発達年齢（DA）}{生活年齢（CA）}×100$$

この式からわかるように，発達年齢が生活年齢と等しい場合に発達指数は100になり，発達年齢が生活年齢を下回ると発達指数は100以下になる。発達指数が80以上の数値を示している場合には，ほぼ標準的な発達水準にあると考えてよいが，それより低い値を示す場合には，何らかの原因で標準よりゆっくりとした発達経過をたどっていると考えられる。

「プロフィール」は，検査の領域ごとに発達年齢や発達指数を算出し一覧にしたもので，これによって発達のばらつきや偏りに関する情報を得ることができる。発達検査のプロフィールを見ることによって，一見しただけではわからない子どもの不可解な状態の原因を理解したり，支援の糸口を発見することが可能になる。

たとえば，複雑なジグソーパズルは完成できるのに，簡単な言語指示には従えないというような事例のプロフィールを検討すると，運動能力や認知能力が年齢相応であるのに，言語理解，言語表出および対人関係能力が大きく落ち込んでいる場合がある。このようなケースでは，指示を出すにあたって視覚的な情報を一緒に提示したり，身振りによるやり取りなども取り入れて，丁寧に対応していくことで少しずつコミュニケーションがとれるようになり，園生活全体への適応が高まっていくということも見られる。

「発達検査」や「知能検査」の結果を活用するにあたっては，乳幼児期の子どもが非常に可塑性に富んでいるということを念頭に置き，検査結果の数値のみにとらわれることなく，行動観察や保護者との面接から得られた情報と関連づけながら目の前の子どもを理解しようとする必要がある。

そのうえで，心理検査を上手に利用することによって，子どもの状態を客観的に評価することが可能になり，保護者や支援にかかわるスタッフが，共通の認識をもってかかわりを工夫していくことができるようになる。

図・表3-3は，乳幼児期の健診等で使用されることの多い「遠城寺式・乳幼

3章 障害児理解の方法——65

図・表3-3 「遠城寺式・乳幼児発達検査表」の記入例
遠城寺式・乳幼児分析的発達検査表 （九大小児科改訂版）

氏名		男女	外来番号		検査年月日	1. H16年11月1日	3. H18年3月17日
			外来番号			2. H19年3月15日	4. 年 月 日

年:月	生年月日 H14年9月15日生	診　断					
4:8	スキップができる	紙飛行機を自分で折る	ひとりで着衣ができる	砂場で二人以上で協力して一つの山を作る	文章の復唱 (2/3)	左右がわかる
4:4	ブランコに立ちのりしてこぐ	はずむボールをつかむ	信号を見て正しく道をわたる	ジャンケンで勝負をきめる	四数詞の復唱 (2/3)	数の概念がわかる (5まで)
4:0	片足で数歩とぶ	紙を直線にそって切る	入浴時、ある程度自分で体を洗う	母親にことわって友達の家に遊びに行く	両親の姓名、住所を言う	用途による物の指示 (5/5)
3:8	幅とび（両足をそろえて前にとぶ）	十字をかく	鼻をかむ	発達と順序をもとめる（ブランコなど）	文章の復唱 (2/3)	数の概念がわかる (3まで)
3:4	でんぐりがえしをする	ボタンをはめる	顔をひとりで洗う	「こうしていい？」と許可を求める	同年齢の子供と会話ができる	高い、低いがわかる
3:0	片足で2〜3秒立つ	はさみを使って紙を切る	上着を自分で脱ぐ	ままごとで役を演じることができる	二語文の復唱 (2/3)	赤、青、黄、緑がわかる (4/4)
2:9	立ったままグルっとまわる	まねて○をかく	靴をひとりではく	年下の子供の世話をやく	二数詞の復唱 (2/3)	長い、短いがわかる
2:6	足を交互に出して階段をあがる	まねて直線を引く	こぼさないでひとりで食べる	友達とけんかをすると言いつけにくる	自分の姓名を言う	大きい、小さいがわかる
2:3	両足でぴょんぴょん跳ぶ	鉄棒などに両手でぶらさがる	ひとりでパンツを脱ぐ	電話ごっこをする	「きれいね」「おいしいね」などの表現がでる	鼻、髪、歯、舌、へそ、爪を指示する (6)
2:0	ボールを前にける	積木を横に二つ以上ならべる	排尿を予告する	親から離れて遊ぶ	二語文を話す「わんわんきた」など	「もうひとつ」「もうすこし」がわかる
1:9	ひとりで一段ごとに足をそろえながら階段をあがる	鉛筆でぐるぐるまるをかく	ストローで飲む	友達と手をつなぐ	絵本を見て三つのものの名前を言う	目、口、耳、手、足、腹を指示する (6)
1:6	走る	コップからコップへ水をうつす	パンツをはかせるとき両足をあげる	困難なことに出会うと助けを求める	絵本を見て一つのものの名前を言う	絵本を読んでもらいたがる
1:4	靴をはいて歩く	積木を二つ重ねる	自分の欲しいものを指でさす	簡単な手伝いをする	3語言える	簡単な命令を実行する「新聞持っていらっしゃい」
1:2	2〜3歩あるく	コップの中の小粒をとり出そうとする	お菓子のつつみ紙をとって食べる	ほめられると同じ動作をくりかえす	2語言える	要求を理解する (3/3)「おいで」「ちょうだい」「ねんね」
1:0	座った位置から立ちあがる	なぐり書きをする	さじで食べようとする	父や母の後追いをする	ことばを1〜2語、正しくまねる	要求を理解する (1/3)「おいで」「ちょうだい」「ねんね」
0:11	つたい歩きをする	おもちゃの車を手で走らせる	コップを自分で持って飲む	人見知りをする	音声をまねようとする	「バイバイ」や「きよなら」のことばに反応する
0:10	つかまって立ちあがる	びんのふたを、あけたりしめたりする	泣かずに欲求を示す	身ぶりをまねる（オツムテンテンなど）	さかんにおしゃべりをする (喃語)	「いけません」と言うと、ちょっと手をひっこめる
0:9	ものにつかまって立っている	おもちゃのたいこをたたく	コップなどを両手で口に持っていく	おもちゃをとられると不快を示す	タ、ダ、チャなどの音声がでる
0:8	ひとりで座って遊ぶ	親指と人さし指でつかもうとする	顔をふこうとするといやがる	鏡を見て笑いかけたり話しかけたりする	マ、パ、バなどの音声が出る
0:7	腹ばいで体をまわす	おもちゃを一方の手から他方に持ちかえる	コップから飲む	親しみと怒った顔がわかる	おもちゃなどに向って声を出す	親の話し方で感情をききわける（禁止など）
0:6	寝がえりをする	手を出してものをつかむ	ビスケットなどを自分で食べる	鏡にうつった自分の顔に反応する	人に向って声を出す
0:5	横向きに寝かせると寝がえりをする	ガラガラを振る	おもちゃを見ると動きが活発になる	人を見ると笑いかける	キャーキャーいう	母の声と他の人の声をききわける
0:4	首がすわる	おもちゃをつかんでいる	さじから飲むことができる	あやされると声を出して笑う	声を出して笑う
0:3	あおむけにして体をおこしたとき頭を保つ	頬にふれたものを取ろうとして手を動かす	顔に布をかけられて不快を示す	人の声がする方に向く	泣かずに声を出す（アー、ウァ、など）	人の声で泣きしずまる
0:2	腹ばいで頭をちょっとあげる	手を口に持っていってしゃぶる	満腹になると乳首を舌でおし出したり顔をそむけたりする	人の顔をじいっと見つめる	いろいろな泣き声を出す
0:1	あおむけでときどき左右に首の向きをかえる	手にふれたものをつかむ	空腹時に抱くと顔を乳の方に向けてほしがる	泣いているとき抱きあげるとしずまる	元気な声で泣く	大きな音に反応する
0:0						

暦年齢	移動運動	手の運動	基本的習慣	対人関係	発語	言語理解
	運　動		**社　会　性**		**言　語**	

© 遠城寺宗徳　発行元　〒108-8346 東京都港区三田2-丁目19-30　慶應義塾大学出版会

図・表3-4　事例における領域別の発達年齢の生活年齢による変化

生活年齢		2歳1か月	3歳6か月	4歳6か月
運動	移動運動	1歳10か月	2歳10か月	3歳6か月
	手の運動	1歳5か月	2歳1か月	3歳2か月
社会性	基本的習慣	1歳5か月	2歳7か月	3歳6か月
	対人関係	1歳1か月	1歳1か月	2歳1か月
言語	発語	0歳9か月	1歳3か月	2歳1か月
	言語理解	0歳9か月	1歳3か月	2歳1か月

児発達検査表」の記入例である。この事例における各生活年齢での発達年齢を発達領域別に記述すると，図・表3-4のようになる。

　この事例では，3歳6か月で幼稚園に入園しているが，入園にあたってどのような配慮が必要であったかを検査結果から考えてみよう。まず，全体的な発達の遅れが認められ，特に対人関係や言語によるコミュニケーションに困難が大きいことがわかる。言語指示の理解や集団行動には困難が伴い，入園当初は個別の支援が必要な場面が多くなることが予想される。**食事等の基本的生活習慣**はある程度身についているが，排泄が未自立である。何らかの理由でこれまで保護者がトイレットトレーニングを行っていなかったとすれば，保護者の協力を得て，トイレットトレーニングを開始することを考える必要がある。

　入園1年後，4歳6か月時の検査結果をそれまでと比べると，「言語」や「対人関係」が大きく変化していることがわかる。幼稚園における保育活動への適応が進んで，友だちとのかかわりが徐々に増えてきたと考えることができるだろう。排泄も自立し，基本的生活習慣に関して個別の支援が必要な場面は減少していると思われる。ただし，自分から友達にかかわることや，言語によるコミュニケーション能力は未熟なので，遊びの場面等では保育者が配慮して，友達とかかわる機会をつくっていくことが必要になる。

　以上のように，経年的に実施した発達検査の結果を利用することにより，子どもの発達状況をより客観的にアセスメントし，今後の発達への見通しをもっ

て，具体的な目標設定や支援方法の選択ができる。さらに，これまでの保育活動をふりかえり，支援内容の評価を行い，新たな目標設定とよりよい働きかけの工夫に結び付けることも可能になるのである。

3 障害児保育にかかわるさまざまな要因

1．クラス集団と園全体の支援体制

ほとんどの保育所・幼稚園では，「**クラス**」や「**担任**」という制度を設けている。クラスへの所属や担任の存在は，社会集団の一員としての自覚を育て，情緒の安定をもたらすことにつながっている。

乳幼児期の対人関係は，特定の大人との親密な情緒的関係，すなわち愛着関係を基盤として発達するといわれる。親と離れて過ごす時間，子どもたちの心のよりどころとなるのは担任の先生であり，クラスの友達である。

子どもたちが，保育者と自分との関係，他の子どもたちと自分との関係を安定して築けるようになると，集団としての「私たち」という気持ちが育ってくる。

たとえば入園間もないころ，先生が「ほしぐみさーん」と呼びかけても，反応のなかった子どもたちが，半年もすると全員「はーい」と返事をするようになる。子どもたちの意識のなかに「自分はユカという名前である」，「自分は4歳である」，「自分は女の子である」というような属性とともに「自分はほし組の一員である」という意識が育ってくる。

担任の側もまた，「自分のクラスの子ども」という意識をもったとたんに，その子の行動のすべてが，自分に深いかかわりをもつようになってくる。たとえば，担任するクラスの子どもが，年下の子どもの面倒をみている姿を見れば，その成長を誇らしく思う。逆に花壇の花を引き抜いてしまったのが，どうも自分のクラスの子らしいということになれば，自分の目の届かないときのことであっても，申し訳なさでいっぱいになる。

園の体制としては，どのクラスの子であっても，保育者が互いに目を配りながら保育をしていくということは大前提であるが，とくに，障害のある子の保育を実施するにあたっては，園全体で子どもを見守り，クラスを見守り，担任を支援するという体制が必要である。

　筆者が観察を続けた園には入園当初から，頻繁に保育室を抜け出しては，お気に入りの換気扇がある給湯室で過ごす子どもがいた。また，職員室に専用の椅子が用意されていて，一人になりたいときは，そこで過ごすという子どももいた。

　しかし多くの子どもは，園生活に慣れるにしたがって，徐々にクラスへの**所属意識**が芽生え，担任の先生が迎えに来ると保育室に戻るようになり，さらに一定の時間を一人で過ごすと自分から戻るようになり，徐々にクラスの子どもたちと共に過ごす時間が増えていった。

2．担任の役割と支援の形態

　障害のある子を保育するにあたって必要な配慮として上位に挙げられるのが，「必要に応じて保育者の人数を増やす」ことである（図・表3-5）。障害児保育に対する公的な支援制度も，障害児3人に対して1人の保育者を配置するための費用を国や自治体が負担するというような形をとる。

　しかし，実際に1人の保育者が発達の状態もクラスも異なる3人の障害児を担当することは不可能であり，園は当該児童やクラスの状態に応じて，個別支援が必要な子には1対1で担当者をつけることが多い。

　初めて親から離れ，集団の中で保育を受けることは，定型的な発達を示す子どもにとってもストレスの高い体験である。障害があることで，周囲の状況を理解することや，これからの出来事に見通しをもつこと，新しい環境に適応することが困難である子どもにとって，親に代わって気持ちを察し，代弁者となり安全な生活が送れるように，つねに見守ってくれる担当者が不可欠な時期がある。

　しかし，特別な支援ニーズのある子に対する個別の担当者の配置が，場合に

図・表 3-5　保育者が統合保育の実施にあたって必要だと考える配慮の上位10項目

順位	配慮の内容
1位	自分一人で悩みや問題を抱え込まず，ちょっとしたことでも上司や，先輩，同僚に相談する
2位	状況に応じて保育者の人数を増やす
3位	保育者が他の子への注意，関心やかかわりが不十分にならないように一層気をつける
4位	何かあったときに（子どもと障害のある子との間でのトラブルなど），保護者に詳しく状況を説明できるようにする
5位	上司や他の保育者とより緊密に連携をとり，園全体で統合保育に取り組む体制をとる
6位	それぞれの子どもが，発達のレベルにあった経験ができるよう配慮する
7位	状況に応じて，他の子と障害のある子とのかかわりに，より注意をはらう
	療育機関や相談機関と連携をとる
9位	状況に応じて，担任以外の保育者が障害のある子の援助を行う
	発達の障害や統合保育に関する研修に積極的に参加する

（出典：石井正子『統合保育に関する保育者の認識―保育経験及び障害児担任経験が与える影響の分析―』昭和女子大学大学院生活機構研究科紀要，2009年，p.62の表をもとに作成）

よってはクラスの一員としての意識を育てるうえで，マイナスに働くことがある。担任は，つねに複数の子どもに目を配りながら，次の活動を頭において，保育活動を展開しなければならない。クラス全体を意識しながら，特別な支援ニーズのある子どもに個別に対応することは，精神的にも物理的にも大きな負担を伴う。障害児に担当者がつけば，負担は軽減され，それだけ他の子どもたちや，クラス全体の活動に意識を集中することができる。

しかし，そのことが障害のある子への担任としての責任感を薄れさせ，また，周囲の子どもたちが障害のある子を特別視することにつながる場合があるのである（石井，2008a）。

クラス担任は，個別の担当がついている障害児に対しても，自分が担任するクラスの一員であるという意識をもって，担当者との連携を図っていく必要が

ある。また，子どもの状態に合わせて支援の方法を柔軟に変えていくことも求められる。

　時期をみて，個別の支援は必要なときだけに行うというような形をとる，あるいは**複数担任制**をとり，副担任はクラス全体を必要に応じて支援する，という形式を採用することで，障害のある子どもが担任保育者に愛着を示したり，クラスへの所属感をもつようになる。クラス担任が障害のある子どもをクラスの一員として，つねに意識のなかに置くことで，また担任と障害のある子どもとの愛着関係ができてくることで，周囲の子どもたちも自分たちの仲間として気にかけ，積極的にかかわりをもつようになる。

　入園当初は，個別の支援が不可欠であった障害児でも，園生活に慣れ，その子なりの発達を遂げる過程で，徐々に支援を必要とする場面が減り，障害があっても特別な支援ニーズはほとんどなくなるという場合もある。

　一方，入園当初はとくに配慮や支援を必要としなかったが，年度途中の家庭環境の変化で，心理的に不安定になり保育者のそばを離れなくなった，園生活に慣れてきてから，周囲への乱暴な行動が増え，個別の支援が必要になった，という例もある。

3．子ども同士の関係

　障害のある子どもの保育を実施するにあたって，障害のある子どもと他の子どもたちとの関係をどのようにとらえるかは重要な問題である。

　幼稚園の場合を例にとると，入園したてのころはそれぞれの子どもが自分のことに精いっぱいで，自分に直接かかわってくるのでない限り，他の子の行動について批判的になることは少ない。

　しばらくして，園生活に慣れ，周囲の子どもたちとのかかわりがでてくると，「なぜ〇〇ちゃんはお話ができないの？」とか「なぜ〇〇ちゃんはすぐに抱っこしてもらうの？赤ちゃんなの？」と疑問をぶつけたり，「どうして〇〇ちゃんだけお部屋に入らなくていいの？」などと不公平感をあらわにすることが出てくる。

さらに，相手の意志に関係なく世話を焼きたがったり，時には「そんなことしちゃダメなんだよ！」と，行動を強く叱責したり，からかったり，逆に恐怖を示したり，ということも表れてくる。この段階で，保育者が双方の気持ちをしっかり受け止め，通訳の役割を果たすことが大切である。

たとえば，しつこく世話をやきたがる子には「いつも〇〇ちゃんにやさしくしてくれてありがとう。今，〇〇ちゃんは時間がかかっても自分でやろうとしてるからね。お手伝いしたくなるのはわかるけど，自分でやりたい気持ちを大事にしてあげようね」と伝えたり，奇異な行動を怖がったり，かかわりを嫌がる子には，その気持ちを十分受け止めたうえで，「〇〇ちゃんはまだ上手にお話ができないからね，いろんな方法で『ウレシイヨ』とか『イヤダヨ』って伝えてるんだよ」と安心できるように説明していくことが効果的である。

年長クラスになって，園の中では，お兄さん，お姉さんとして，年下の面倒を見たり，お手本にならなければという意識が育ってくると同時に，クラスの友達一人ひとりの違いや個性にも理解を示すようになってくる。

前項でもふれたように，担任が一人ひとりの子どもたちをかけがえのない存在として大切にかかわり，信頼関係がしっかり結ばれると，子どもたちは同じクラスの仲間とのつながりを大切にするようになり，時には，保育者以上に仲間を理解していることに驚かされることもある。

〈事　例　3-1〉

軽度の知的障害のあるアユミはのんびりやで急ぐということを知らない。みんなが帰りの仕度を終えて，椅子に座っているのに，まだロッカーの前で着替えの最中である。園バスの時間が気になる担任が「アユミちゃん早くしてよ。これじゃあ，みんながバスに遅れちゃうよ。急いで！急いで！」とややきつい口調でせかした。すると，4月生まれでしっかり者のエリが「先生，アユミちゃんだって一生懸命自分でやってるでしょう。前は先生がお手伝いしてたけど今は自分で全部やってるでしょう。そんなにきつく言わないで。」と言い出した。さらにユウタまで「おこられるとよけいできなくなるんじゃない」と口を挟む。「先生は怒ってるわけじゃないよ」と言ってはみたものの，子どもた

> ちが友達の成長をよくとらえていることに驚き，自分のあせる気持ちをアユミにぶつけていたことを恥ずかしく思った。

　一斉にまとまって行動できるクラスは保育者にとって都合がよいかもしれないが子どもにとって居心地のよいクラスとは限らない。子どもたち一人ひとりがお互いの違いを認め合い，それぞれの個性を生かしあいながら，一緒にいることを楽しむことができたときに，居場所としてのクラスが一人ひとりの子どもに安心をもたらし，人とともにあることの喜びを実感させてくれる。

4．クラスの保護者に理解を求める

　障害児保育を実施している幼稚園で，石井（2008b）が実施した調査によると，調査対象となった在園児保護者（多くは健常児保護者）の約半数が「保護者に説明して理解を求める」ことが必要だと回答している。また，「今後，さまざまな心身の障害や，障害のある子どもとのかかわりについて知識や情報を得たり，理解を深めたりしたいと思いますか」という質問に対して，「強くそう思う」または「そう思う」と，回答している。障害のある子どもと同じクラスで保育を受ける子どもたちの保護者は，統合保育の実施についての情報提供や説明が保護者に対しても必要だと，考えている。

　その一方，河内ほか（2005）の調査によると，統合保育に関して健常児の保護者に理解を求めるための活動を行っている保育所が3割程度で，活動を行っていない保育所が大半である。

　活動を行わない理由としては，「障害が軽度であり必然性を感じない」，「保護者の心情を察して」，「模索中で保護者から話すのを待っている」などの回答が挙げられている。

　どちらかといえば，障害児の保護者の心情に配慮し，あえて健常児の保護者に理解を求めることは行わないという場合が多いようであるが，多くの保護者の「理解したい」という気持ちに答えることは不安や心配を乗り越えて，**共に育つ，育てる**環境をつくるために不可欠なことであると思われる。

〈事 例 3-2〉

　障害があることがはっきりしており，そのことを前提に入園しているA ちゃん（ダウン症候群）の事例

　S幼稚園は，私立の幼稚園である。入園前の保護者説明会では，保護者全体に次のような内容が伝えられている。1．園の保育方針として，障害があることを理由に入園を断ることはしておらず，現在も複数の障害児が在園し，そのためのさまざまな物質的，人的環境への配慮を行っている。2．これまでの取り組みのなかで，障害のある子どもと共に育つことが周りの子どもたちの発達にさまざまな影響を与えることがわかっている。不安や心配があればいつでも相談してほしい。

　4歳児クラスに，障害児保育の対象として入園したAちゃんはダウン症候群である。中度の精神発達遅滞と，運動発達の遅れがある。保護者の希望で，年度当初のクラス会の最後に母親からAちゃんの障害についての説明が行われた。説明の内容は，「ダウン症」という障害と，Aちゃんの特徴に関するものである。

　知的な遅れがあり，まだ言葉がはっきり話せないが，友達とかかわりたいという気持ちが少しずつ育ってきていること。また歩行がしっかりしていないので，転びやすく，長い距離を歩いたり，走ることは難しいが，ダンスは大好きで音楽がかかると体をゆすって大喜びすること。週に1回，療育センターに通って訓練を受けていることなどである。

　また，ダウン症について知りたいことがあれば遠慮なくたずねてほしい，自分も障害のある子の親というより，一人の幼稚園児の母親として友達を増やしていきたいし，保護者会の活動にもできる限り協力していくつもりがあるので，あまり気を使わずに仲間に入れてほしい，と率直な気持ちが伝えられた。

　以下はAちゃんの卒園間際にクラスの保護者にとったアンケートの記述である。

　「同じクラスにダウン症のお子さんがいたことで，ダウン症の事を知ることができたし，ダウン症はお子さんの一つの個性だと受け入れることができました」

　「障害のあるお友達とそのお母様と親しくなったことで，障害のある子がかわいそうだから面倒見てあげるのではなく，その子がかわいいから面倒見るという気持ちが自然にわいてきました。」

> 「A君のお母様とお話するなかで，小学校への進学のこと，将来の事など親としての思いに触れる機会がありました。同じ子をもつ親として障害のあるお子さんの自立はとても大変なことだと思いました。そのためにみんなが協力して障害があっても自立して生きていける社会にすることが，必要だと思いました。」

　この事例では，卒園間際に集められたアンケートの記述からクラスの保護者がAちゃんや保護者とのかかわりを通して，障害のある子どもたちについての理解を深めたことがわかる。
　「理解」は知識を得ることにとどまらず，障害の有無にかかわらず，社会の中で共生するという意識をもつことに至っている。Aちゃんとその保護者についての理解を深めたことは，周囲の保護者の「障害」に対する考え方にも大きな影響を与えたといえるのではないだろうか。

〈事例 3-3〉

> 保護者は子どもの問題に気がつき，なんとかしたいと悩んでいるが，障害児とはとらえておらず「言葉が遅く落ち着きがない」と考えているB君（自閉症）の事例
>
> 　K保育園は私立の保育所である。新入園児そろっての入園式や説明会はなされていないが，入園前の個別相談の際に，園生活についての注意事項と同時に，いろいろな個性や家庭的背景，さまざまな障害のある子どもも入園しており，子ども同士や，保護者同士のことについても，心配や不安があればいつでも相談してほしいということが伝えられている。
> 　5月中旬の土曜日に保護者会が実施され，この日は，クラスの保護者の交流会も兼ねるので，できる限り都合をつけて出席してほしいと伝えられている。
> 　この年，3歳児クラスの保護者会の部屋では，15人の在籍児のうち，10人の子どもの保護者が出席した。担任保育士は「ご自分とお子さんの簡単な自己紹介をしてください。その際に，お子さんの一番素敵なところと，困ったところ，あるいは子育ての悩みを入れてください」と話した。B君の母親は自分の番がくると緊張した面持ちでB君について話し始めた。
> 　「Bは元気で電車が大好きな子です。ただ，ちょっと元気すぎて落ち着きがないのでよく迷子になってしまって困ります。それから一人っ子でわがままな

ところがあって，気に入らないことがあると暴れたりするので，もしかしてご迷惑をおかけしたりしているのではないかと心配しています。それから，言葉が遅くて，じつはいろいろ心配なことがあって…」と言葉をつまらせた。

その場は司会者の担任が「そうですね，子育てしているとつぎつぎいろんな悩みや心配が押し寄せてくる時期ってありますよね」と引き受けて，次の保護者に順番を回した。

すると次の保護者が自分と子どもの紹介に続けて，「今，B君のお母さんのお話を聞いていろいろ思い出してました。実は，小学校2年生の上の子が保育園のとき，落ち着きがなくて乱暴で言葉が遅くてすごく悩みました。ひよこ組さんのときから園長先生には療育センターに行くようにすすめられてたんですけど，仕事休んでまで行く決心がなかなかつかなくて…。自分の育て方のせいかなぁなんて悩んで，怒っても，たたいても全然言うこときかないし，年長さんになって，思いきって療育センターに行っていろいろ相談にのってもらって，そのあとずいぶん子育てが楽になりました。だから，あんまりどうしていいかわかんないときは早めに専門の所に相談に行くのも悪くないですよ。それから私でよかったら相談にのりますよ」と話したのである。

この事例では，あえて障害について理解を求めるというよりも，それぞれの保護者の思いを素直に伝えあい，保護者同士のネットワークづくりをサポートすることが支援の効果をあげている。障害の有無に関係なく，わが子が共に育つ仲間としてのクラスの子どもたちやその保護者が理解し合うことが，自分の子どものことしか目に入らなかった親初心者が，少しずつ視野を広げていくことにつながっていくのである。

トピックス2:「軽度発達障害」に対する誤解

　「軽度発達障害」という用語は,発達障害のうち,高機能自閉症,アスペルガー障害,学習障害(LD),注意欠陥多動性障害(ADHD)等の明確な知的障害を伴わない発達障害を指す用語として広く用いられている。「軽度」は精神発達遅滞が軽度もしくは無い状態(総合的な知的発達水準が正常範囲内)ということで,社会生活に伴う困難が軽いわけではない。

「軽度発達障害」の症状と受けやすい誤解

診断名	症状	受けやすい誤解
注意欠陥・多動性障害(ADHD)	①不注意②多動③衝動性が,同年齢の子どもに比べて著しい。落ち着いてじっとしていることが難しく,着席して話を聞いたり,順番を待つことができない。気が散りやすく,注意深く指示を聞いたり,物事を順序だててやり遂げることが困難。	「わがまま」「自分勝手」「だらしがない」等の評価を受けやすく,周囲から叱責を繰り返されても行動が改善できないために「反抗的」とされることもある。保護者に対しては「しつけの失敗」という目が向けられることも多い。
学習障害(LD)	基本的には,全般的な知的発達に遅れはないが,聞く,話す,読む,書く,計算する,推論するなどの学習能力の一部に問題がある。同時に不器用さ,注意力の弱さ,情緒の不安定などがみられることもある。	苦手な分野の成果をもとに,不当に能力全体を低く評価されることがある一方,高い能力を示す部分があることから「やればできるのに努力しない」として「怠け者」のレッテルを貼られることもある。
アスペルガー障害	知的障害を伴わない広汎性発達障害であり,自閉症と同様①社会性の困難②コミュニケーションの困難③こだわり,が認められる。特に表情やしぐさなど非言語的情報から他人の情緒を読み取ることや,婉曲な表現を理解することが苦手である。	しばしば「非常識」,「思いやりがない」などの評価を受けやすい。また,興味のあることには高い能力を示す一方,興味のないことには全く参加しないために「自分勝手」ととらえられることも多い。

しかし，この名称では発達障害の程度が軽い者という誤解を招くことがあるため，文部科学省は，2007年3月，同省では「軽度発達障害」という用語は使用しないことを表明した。しかし，一見障害があることがわかりにくいために，適切な療育を受けられないばかりか，表（p.76）に示すような「わがまま」，「親の育て方が悪い」などの非難にさらされやすく，また，育児上の困難が虐待を引き起こしやすいというような，これらの障害に共通の問題も多く，「軽度発達障害」に代わる適切な用語が見当たらないため，今だに広く使用されている。

　一方，2005年に施行された「発達障害者支援法」は，主として従来の制度では支援が受けられなかった，知的障害を伴わない発達障害者への支援を目的に作られた法律であるため，軽度発達障害＝発達障害として定義されている。

　こういった子どもたちが，本来の力を発揮し社会的自立を果たしていくためには，周囲が行動や学習上の問題を適切にとらえ，それぞれの特性にあわせた支援を行うことによって，二次的に引き起こされやすい情緒障害や心身症，いじめ，不登校，などの問題を防ぐことが重要である。

(石井　正子)

演習問題
- A. 障害の発見が遅れ，適切な療育や保護者支援が行われないとき，二次的に発生する問題としてはどのようなことがあるか，考えてみよう。
- B. 図・表3-3に示した遠城寺式乳幼児分析的発達検査の実施事例について，検査結果から読み取れる子どもの発達状況や状態像についてまとめてみよう。
- C. 自分が担任するクラスに障害のある子がいるときに，あなたは担任としてどのような配慮や支援を行っていくだろうか。保育環境への配慮，障害のある子への支援，子ども同士の関係への配慮，保護者への説明，他の職員との連携といった観点から考えてみよう。

4章 障害児保育の実際

　本章では，まず第一に，障害児保育実践における「支援仮説」の作り方，それに基づく取り組みの進め方を学ぶ。つまり，子どもや家族の行動とその背景にあるニーズを理解し，具体的な支援方法を検討するうえで必要とされる"着眼点"や"考え方"を概観する。さらに，毎日の保育場面で「支援仮説」を実行し発展させる方法を，保育現場の現状や，具体的事例に基づいて学習する。

　そして第二には，こうした実践と支援を，ひとりの保育者の力だけでなく，園内の保育者同士の「協働」を通じて実現する方法を知る。とくに，「保育カンファレンス」に着目し，保育者同士が目的を共有し，コンセンサス（共通理解）を形成し，ともに実践上の課題解決をめざす仕事のありかたについて理解を深める。

1　保育実践における支援仮説と協働の重要性

1．実践は"How to"ではない―支援の仮説づくり―

　保育者には，さまざまなニーズをもった子どもや家族を支える役割が求められる。障害のある子どもや，発達の気になる子どもの発達支援を考えることも，その課題の一つである。しかし，その課題の解決には，すぐに役に立つ便利なマニュアル本があるわけではない。

　また，小手先の"How to"を身につけても，それが本当にその子に合った支援方法であるかは疑問である。なぜならば，たとえ同じ障害でも，子どもによって発達状況やニーズは実に多様であるからだ。

図・表 4-1　保育実践おける仮説・実行・検証サイクル

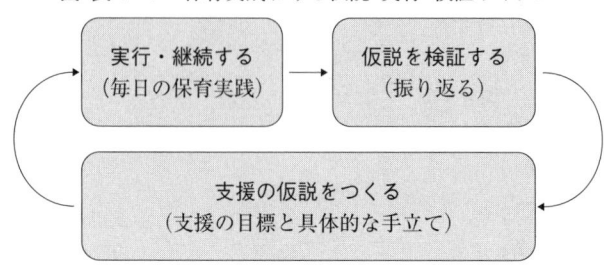

```
  ┌─→ 実行・継続する ──→ 仮説を検証する ─┐
  │   (毎日の保育実践)      (振り返る)      │
  │                                          │
  └──────── 支援の仮説をつくる ←────────────┘
           (支援の目標と具体的な手立て)
```

　それでは，一人ひとりのニーズに即した発達支援を，保育現場で実現するためにはどうしたらよいのか？　そのためには次の2点が重視される。

　まず，第1のキーワードは「**支援仮説**」である。保育者と保育現場が仮説をもって実践を行うこと，つまり，「〇〇君には〜の必要性がある」だから「毎日の保育で〜を工夫してみよう」「こんな働きかけをしよう」など，明確な目的を意識した実践のありかたが検討され，「言語化」される必要がある。

　そして，この支援仮説を一定の書式に記載したものが，後述の「個別の指導計画」である（p.90，図・表4-4）。この個別の指導計画を，毎日の実践で「実行」するわけであるが，"やりっぱなし"は避けたい。実際に取り組んだ結果がどうであったか？それを「検証」する機会が必要だ。もちろん，実行した結果が「うまくいく」だけでなく，「うまくいかない」場合もありえる。

　そこでは当初の支援仮説が変更・修正される必要性も生じる。また，毎日の実践では「こんな方法がうまくいったよ！」などの発見もありえるが，こうした発見も，個別の指導計画に新たに盛り込まれることが期待される。このように，仮説づくりとその実行と検証，このサイクルを繰り返すことで，より子どものニーズに合った発達支援のありかたが明らかになってくる（図・表4-1）。

2．働く仲間同士が知恵を出し合う―保育カンファレンスをしよう―

　第2のキーワードは園内外の「**協働**」である。これは，保育者をはじめ，園内外の関係者が力と知恵を出し合って働くことを意味する。というのも，上記の個別の指導計画に盛り込まれる支援仮説は，一人の保育者の力だけで作るこ

とは難しいからだ。つまり，複数の保育者同士の対話と情報交換を通じ，その子の支援に関する課題を検討する必要があるのだ。

　また，せっかく個別の指導計画が作成されても，そこに盛り込まれた目的や内容を，「担任のみ知る」状況では，園全体でのチームワークによる支援は困難である。必要な情報を皆で共有し，**コンセンサス（共通見解）**を形成する仕組みも求められる。

　そこで，注目されるのが「**保育カンファレンス**」である。具体的には，時間と場面が設定され，会議やミーティング，園内研修等で保育者同士の話し合いが，時には，外部の専門家もまじえてもたれることとなる（園外の専門家や各種機関との連携や協働については，6章を参照のこと）。

　このように，支援のプロたる保育者には，毎日の実践に支援仮説をもち，その実現を，働く仲間との協働を通じて追求する専門性が要求される。そこで，本章では，現今の保育現場の現状に触れながら，①個別の指導計画の作成と実践における活用方法を学び，②保育カンファレンスの建設的・生産的な進行方法を主軸に，保育者間の協働について考えていく。

2　保育実践における支援仮説の作成プロセス

1．支援仮説の検討の前にやっておくこと

(1)　保育記録を有効活用できる情報にする

　個別の指導計画は「思いついたらすぐに」書けるわけではない。その前段階の準備が必要である。まず，日々の子どもの記録や日誌等，検討のための「情報」を用意する。(同時に，ここでは，これらの情報を有効活用するスキルも保育者側に求められる）。

　ただし，これらの情報はまだローデータ，つまり素材である。この素材を整理し，取捨選択することにより，支援仮説の「検討に使える」情報に加工する必要がある。そこで本章では，筆者が，保育巡回相談で現場の保育者と共有し

ている書式「保育記録の整理シート」の一部を紹介する（p.84，図・表4-2）。これは，支援仮説の検討を目的としたフォーマット（書式）である。

ここに，子どもの日誌や保育者の記憶の中から，子どもや保育者の行動，注目したいエピソード等をピックアップし記入する。記述は，冗長な文章にせず，各行動やエピソードを簡潔に，できれば番号をつけて箇条書きで書き込む。その際，「何人かの保育者で」「会話しながら」記入することが推奨される。複数の保育者の情報と視点を突き合わせることで，より現実的でトータルな子どもの姿が浮かび上がるからだ。

(2) こどもと実践を見つめることからスタートする

「保育記録の整理シート」（図・表4-2）は，4つの項目から構成されている。

【Q1】お子さんやご家族とのかかわりで，疑問や難しさを感じる点は？

　この項目は，子どもが抱えている困難や支援のニーズに着目することをねらいとしている。このなかで，保育者自身が，自らの仕事の課題意識を明らかにする。

【Q2】今，保育者はどうかかわっていますか？

　この項目は，保育者が自らの視点を目の前の「子ども」だけではなく，「自分自身」に向け，双方の関係性を振り返ることをねらいとしている。「○○君が〜だった」で終始せず，「そのときの私（私たち）はこうだった」という，自分たちの在り方にも目を向けることが極めて重要である。

【Q3】お子さんが得意なこと，うまくいっている姿を教えてください

　ここでは，子どもの弱い部分（weakness）だけではなく，強い部分（strength）にも着目する。そして，この弱い部分をどう支え，強い部分をどう実践に活かすのかを考える。

【Q4】保育現場が既に実施している配慮・工夫等は何ですか？

　この項目は，既存の支援内容，つまりこれまでの実践の"到達点"を明らかにすることを目的としている。保育者が積み上げてきたものに，目を向けることが不可欠である。

写真 4-1 "図上の作戦会議"の風景

　このように,保育現場で障害のある子どもを支援する営みは,短絡的に,手っ取り早く,「特別な技法」を園外から「輸入」することではない。「子ども」「自分(たち)」「仕事」を見つめることこそが,スタートラインなのである。

(3) 現状の地図を描いてみる ─俯瞰的視点から構造的に記述する─

　新人保育者の場合,ともすると「目の前の現実」に対処するだけで,頭がいっぱいになりがちだ。また,子どもの「困った行動」のみに目が向きがちである。しかし,子どもの行動だけを見ていても,支援の手立ては導き出せない。「周囲の環境」も視野に入れる必要がある。

　もちろん,周囲の環境には,教室や遊具などの「物的環境」だけでなく「人的環境」も含まれる。そして,「人的環境」の中には,お友達や保護者,そして,保育者自身(あなた自身)も含まれていることを銘記されたい。

　そこで「ちょっと高い所」に登ったつもりで,状況を見おろしてみたい。さしずめ,「図上作戦会議」といったところであろうか(写真4-1)。視点が変わると,さまざまな局面が見えてくる。見えたものを黒板やホワイトボード,模造紙などに書き出してみる。また,使い慣れている場合は power point ソフト等を使用し,パソコンやプロジェクターで表示する方法もある。

図・表4-2　保育記録の整理シート

■児童概況　M・M君（男）20××年○月○日生○○保育所　ばら組（年長）
　　　　　　　　　　　　　　　　　　　　　　　　　記入者○○○（担任）
■相談・支援経過
平成○○年　（3：6）　○○市保健センター　親子教室～
平成○○年　（4：8）　ADHDの診断あり（○○こどもクリニック）

【Q1】お子さんやご家族とのかかわりで，疑問や難しさを感じる点は？

○集中するのが苦手です
- □1　保育士がクラス全体に指示や説明をすると，それを聴かない。集中が苦手。
- □2　指示をすぐに忘れる（指示が2つ以上になると困難）。「先生何？もう一回」と聴き返しが目立つ。
- □3　製作の時間では，必要なものが机の上に揃えられない。
　　机から道具をよく落とすが，気づかない・気にしない。ものをよく無くす。

○落ち着きのなさが気になります
- □4　お話の「読み聴かせ」はすぐ飽きて「ふらつく」。静かにしている時は「手わるさ」が目立つ。何かをいじっていることが多い（ひもや紙切れなど）。
- □5　離席が多く，集団活動の場面や教室から「脱走」する。姿勢は悪く，椅子の上で「モジモジ」する。
- □6　年齢相応の会話は出来る。一方的に話をする。出し抜けに話し出すこともあり。
- □7　保育士や友人の話の"言葉じり"をとらえ，それをギャグにし，ひやかす。
- □8　前後の見境なく動き出す。お散歩で，道路の向こうの犬に走りより，車に轢かれそうになる。

○行動・感情をコントロールするのが苦手です
- □9　集団のルールを守るのが苦手。食前の"手洗い"では，水道に並ぶ順番へ割り込み，前の子をドンと押す。
- □10　些細なことで「トラブル」になる。"ちょっかい"を出して"ふざけあって"いるうちに友達と喧嘩。「戦いごっこ」が本当の「戦い」になる。
- □11　「親切」な面もある。でも，うまく行かない。先日，好きな女の子が落としたハンカチを急いで拾う。しかし，意地悪されたと思った彼女からは，"ヤメテー"と拒否されてしまう。M君は逆上していた。
- □12　思ったこと"ぽろっと"言ってしまう。巡回相談の大学の先生に「はげツル先生！」と大声で連呼。

○最近，特に気になっていることです……。
- □13　年長になり，ルールと競技性のある集団遊びが増えた。負けると大騒ぎする。「1番」大好き。
- □14　友達からの指摘を嫌う（悪意のないものでも）。「過剰に反応」する。
　　（例）「今日はハサミは使わないよ（友人）」⇒　無言でパンチ（本児）
- □15　一斉保育で「ワークブック」を保育士が配付すると。「ダメダ。デキナイ」と呟く。最近，そんなことを言うM君の様子が気になります。

○保護者とのコミュニケーションに悩んでいます……
- □16　どうしてM君のお母さんは保育士を避けるのか？行事や参観日は欠席。「直接お話を」と電話で幾度も「面談」に誘う。理由をつけてドタキャン。
- □17　お母さんはM君に厳しい。お迎えに来た時，保育所の駐車場でM君を大声で叱責する姿が目撃されている。
　　母親がお迎えに来ると，M君はソワソワして急に落ち着かなくなる(特に週明け)。
- □18　M君の母は他の保護者から評判が良くない。先週，ある子が園庭遊具で怪我を

した。「M君に手がかかるから,安全管理もおろそかになるんですよ!」と,M君の母にも担任にも,電話で苦情が入る。
- ☐19 父親の姿は,あまり見えてこない。お母さんは,我が子に注意をする時「パパに言うよ!」とよく言う。すると(短時間だが)急に静かになる。
- ☐20 週末偶然,M君のお母さんとビデオ店でバッタリ会う。ビデオ店でM君の話も野暮なので,私は挨拶がわりに,自分の好きなDVDの話をした。30分近くもお笑いのビデオの話をしまくり,とても饒舌なM君のお母さんであった。我が子の事も,これほど熱心に語ってくれればよいのだが……。
- ☐21 園長先生は,"がんばってね!"と励ましてくれる。でも,私が欲しいのは励ましだけではない……。他のクラスの先生からの一言が辛い,(例:「自由にさせすぎじゃない」「甘やかしてない?」「去年より落ち着かなくなってるワ」等)　　　　　　　　　　　　　　　　※21　記述ではなく口頭
- ☐22 M君は,私が保育していて,本当にいいのだろうか? ※22は記述ではなく口頭

【Q2】今,保育者はどうかかわってますか? お友達はどう接してますか?
- ☐23 年長になりクラスの子ども達から,「非難の集中攻撃」を食らうことが増える。トラブルがあった時は,こまめに,担任からM君の母に電話を入れている。
- ☐24 (4・5⇒)教室から出ていった時,連れ戻しに行く。するとその場に寝転ぶ。私が追いかけると"ニヤニヤ"笑っていることもある。
- ☐25 (7⇒)「ひやかし」は,その都度注意。本人は,図に乗り多弁になる。(おもしろがる子もいる)
- ☐26 (10⇒)他のお友達に"ちょっかい"を出すときは嬉しそう。相手が嫌がっても,何故かニコニコしている。しかし一旦トラブルになる。どう言い聞かせても,大人の話は頭に入らない。"繰り返し注意"すると,かえって「興奮」。
- ☐27 ちょっかいを出されても,優しくしてくれる女の子もいる。しかし,その子もこの前,急に泣き出した。
- ☐28 「躾は家庭で!」「沢山関わって!」と電話で伝えた。すると「それじゃ,私がダメなんですか!」と"逆ギレ"するM君の母であった。
- ☐29 一度「先生,うちの子なんとかなりませんか?」とM君の母から言われたことがある。私は,間違ったアドバイスをしては申し訳ないと思い,「私は専門家ではないのでよくわかりません。○○療育センターの先生に相談してみては?」とお話した。その後,何も言ってこない。

【Q3】お子さんが得意なこと・うまくいっている姿を教えて下さい
- ☐30 教室から出ていくこともある。でも自分から,教室に戻ってくることもある。
- ☐31 保育者が何かを"頼む"と(頼まなくとも)喜んでやる。「お当番」が大好き。(例:「力持ちのM君!運ぶのを手伝ってヨ」⇒「イイヨ!」)ゆり組やタンポポ組の"年下"の子の面倒をみようとする(しかし,強引で一方的なのでやや迷惑がられるらしい……)。
- ☐32 月曜の朝の会での「お話タイム」が好きである。(土日の出来事を皆の前で話す。自分のことを話すのも,話題にされるのも好き。)

【Q4】保育現場が既に実施している配慮・工夫は何ですか?
- ☐33 リトミックが好き。積極的に参加を促している。ピアノの曲に合わせて,体を動かすことが大好き。
- ☐34 保育士が側にいると,苦手なワークブックにも取り組むこともある。鉛筆を持って課題に取り組む。
- ☐35 発想がユニークでおもしろい(ダンボールで戦車を作った)。クラスの皆の前でほめるようにしている。

具体的な手順は以下のとおりである（図・表4-3「子どもの行動と環境の構造的把握」）。

まず，子ども（本事例ではM君）を中央にし，担当保育者や保護者（M君の親），園の子どもたち，他の保護者などを周囲に配置し，各々をボックス（四角形），または大判のポストイット（着脱の容易な付箋）で表示する。次に，ボックス内に，これらの登場人物の内的な状態等，つまり気持ちや考えを，簡潔な表現やキーワードで記入する。

そして，各ボックス間を矢印で結ぶ。矢印は行動や反応，相互の関係を示す。さらに，この矢印には，可能な限り「ほめ」「叱責」などの「ラベリング」を施す（注：園内のホワイトボードを使用する場合，部外者などの目に触れない留意が必要。消し忘れたまま放置することは厳禁）。

このように状況の「構造的」な記述は，支援仮説を検討するプロセスで，きわめて重要かつ有効な手法である。なぜならば，子どもの行動の意味や背景にあるニーズを理解するための，視点や貴重なヒントが得られるからである。

2．個別の指導計画の作成　―支援仮説の「着眼点」と「考え方」―

いよいよ支援仮説をつくる段階に入る。「保育記録の整理シート」（図・表4-2）をもとに，「支援目標」「支援ポイント」「支援の手立て」を考え，「個別の指導計画」に書き込む（p.90，図・表4-4）。その際，すでに用意・整理された情報をどう読み解き，支援仮説につなげるのか？　そのために必要とされる「着眼点と考え方」のいくつかを以下に紹介する。

(注) 以降，本章では，事例をもとにした解説を行う。読者の皆さんは，図・表4-2に登場するM君の実態について一読していただきたい。なお，本事例は類似したニーズをもつ様々な児童のエピソードをもとに構成された架空事例である。特定個人や園の記録ではない。

(1)「どうしよう……」から「こうしたい！」―発想の転換―

図・表4-2「保育記録の整理シート」には，M君やご家族とのかかわりで，保育者が抱える疑問や悩みが記載されている。これは必要な作業である。しか

4章 障害児保育の実際——87

図・表4-3 子どもの行動と環境の構造的な把握（M君を例に）

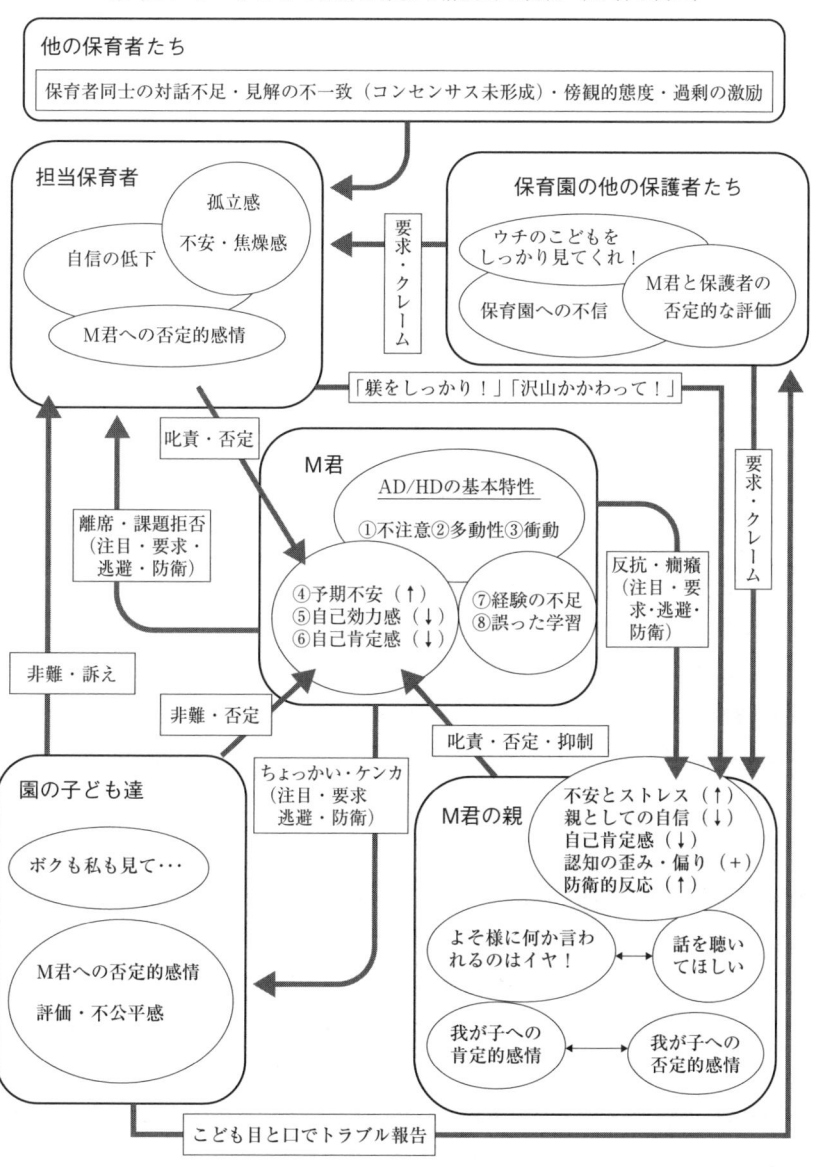

他の保育者たち
保育者同士の対話不足・見解の不一致（コンセンサス未形成）・傍観的態度・過剰の激励

担当保育者
- 孤立感
- 不安・焦燥感
- 自信の低下
- M君への否定的感情

保育園の他の保護者たち
- ウチのこどもをしっかり見てくれ！
- 保育園への不信
- M君と保護者の否定的な評価

要求・クレーム

「躾をしっかり！」「沢山かかわって！」

叱責・否定

離席・課題拒否
（注目・要求・逃避・防衛）

M君
- AD/HDの基本特性
  ①不注意 ②多動性 ③衝動
- ④予期不安（↑）
- ⑤自己効力感（↓）
- ⑥自己肯定感（↓）
- ⑦経験の不足
- ⑧誤った学習

反抗・癇癪
（注目・要求・逃避・防衛）

要求・クレーム

非難・訴え

非難・否定

ちょっかい・ケンカ
（注目・要求・逃避・防衛）

叱責・否定・抑制

園の子ども達
- ボクも私も見て…
- M君への否定的感情
- 評価・不公平感

M君の親
- 不安とストレス（↑）
- 親としての自信（↓）
- 自己肯定感（↓）
- 認知の歪み・偏り（＋）
- 防衛的反応（↑）
- よそ様に何か言われるのはイヤ！
- 話を聴いてほしい
- 我が子への肯定的感情
- 我が子への否定的感情

こども目と口でトラブル報告

し，さまざまな「困難」が，次から次へと列挙されるうちに，担当保育者は，「この子はこんなに大変な子なのか……」と不安を抱くかもしれない。こうなると，保育者の内面は"私の困り感"に支配されがちである。

しかし，私たちは，"子ども自身"が抱える"困り感"にこそ，目を向け，対峙しなければならない。「困ったこの子をどうしようか？」ではなく，「困っているこの子を，どう支えるか？」という視点を欠いてはいけない。それは，保育者の支援者としてのミッションを再確認することでもある。

(2)「場面・課題」と「行動」の関係を調べてみよう

いかなる行動にも，周囲の環境との間に関係がある。子どもの適切な行動は勿論であるが，不適切とされる行動も同様である。支援仮説の検討のプロセスでは，これらの行動がどんな「場面・課題」で生じやすいのか，あるいは生じにくいのかに着目し，丁寧に比較検討する必要がある。

それでは，図・表4－2中のM君の行動に着目し，実際に比較検討してみたい。ここではまず，「同じ課題」なのに，場面やかかわり方によって，「全く違う振る舞い」をしているM君の姿に気づく。たとえば，一斉保育でワークブックが配付された時「ダメダ。デキナイ」と，課題から逃避するM君（図・表4－2の15）であるが，保育士が寄り添う場面では鉛筆を手に取る姿が報告されている（図・表4－2の34）。

このことから，本人にとって「自信」がなく「不安」を感じやすい場面では，一方的に課題を強いることが逆効果であることがわかる。むしろ援助量を増やし「不安の軽減」を図りながら「やりとげる」達成の体験を確保する必要性があると考えられる。このように，支援のポイントや手だてが浮上したら，それを個別の指導計画に簡潔な表現で記入するのだ（図・表4－4の⑮，⑰）。

次に，課題や場面からの逸脱や逃避が頻発する場面と，積極的な課題参加が見られる場面を比較検討してみたい。ふらつきが目立つのは，一斉保育の中で保育者の"説明"や"お話"を聴く場面である（図・表4－2の1，4）。一方，最も参加の意欲を見せたのは，簡単な"お当番"や"頼みごと"を与えられた場面（図・表4－2の31）や発表の場面であった（図・表4－2の32）。

それでは，これらの場面や課題間にいかなる違いがあるのか？　それは，まず後者は前者に比して，保育者の指示の中に「耳から入る」情報のみならず，動作や状況という「目で見える」視覚的手がかりが豊富である点が挙げられる。さらに，M君の自発的な行動に，他者からの注目やポジティブな強化（賞賛や承認）が多く与えられていると考えられる。

　このように，視覚的手がかりなどの「わかりやすさ」（図・表4-4の③）と「肯定される機会」（役割・仕事・居場所）が，M君には不可欠であると考えられる（図・表4-4の㉓）。

（3）その行動は本人にとってどんな「意味」があるのだろうか？

　本事例では，一斉の保育場面でのM君の逸脱やふらつき（図・表4-2の4，5），友人間のトラブル（図・表4-2の10）等に，担当の保育者は苦慮しているが，こうした行動にどう対応しているのであろうか？　図・表4-2を見ると，「連れ戻す」「注意する」，などの"その場の対応"が中心であることがわかる（図・表4-2の24，25，26）。しかし，こうした保育者の努力にもかかわらず，「困った行動」は，かえってエスカレートする様相さえ呈している（「ニヤニヤ笑って逃げる」「ますます図に乗る」）。

　このように，「困った行動」を"やめさせる"対応のみに終始しては，結果として，問題（とされる）行動を，強化（増強）させてしまい，時には，悪循環を生じさせるリスクをうむ。保育実践においては，子どもの行動の「表面」のみに着目するのではなく，その「背景」にある「意味」を考える必要がある。

　それでは，その意味とは何か？　この場合，「困った行動」の背景には，保育者やお友達の「注目や関心」を引きたい気持ち，つまり「注目要求」が存在する。ただし，この気持ちの存在自体が問題視されるのではない。

　むしろこうした気持ちが，「不適切」な方法や手段で表出されていることが問題である。そこで，今後の保育実践では，M君が気持ちを「不適切」ではなく，「適切」な手段で表現できる活動や場面を用意することが支援ポイントとなる。具体的には毎日の活動のなかで，仕事や役割を積極的に与える手だてが有効と考えられる（図・表4-4の⑲）。

図・表 4-4　個別の指導計画

記入日　平成22年　5月15日　(前期)・後期

■児童氏名　M・M君　　平成　年　日生まれ　(　：　)　　■記入者　○○○○　印
■所属園等　○○市立○○○保育所　ばら組（年長）

1. 支援目標
(1)自信と達成感をもって，様々な活動に参加する。
(2)気持ちと行動を上手にコントロールし，集団活動に参加する。
(3)クラスのルールや，友達との関わり方を身につけていく。

2. 支援ポイント	3. 支援の手だて	キーワード
A. お話や課題に注意を向けやすいよう，働きかけや環境を工夫する	① 一斉保育場面では，必要に応じて個別的な声かけ（ex.「さあ皆さん！」だけでは通らないことも） ② 指示やメッセージを簡潔に，一度に多くを伝えない（「情報量」への配慮）。 ③ 言葉だけの指示やメッセージだけでなく，「目で見える」手掛かりも使う（ex. 実物・指さしや身振り・黒板への書きだし等） ④ 座席の工夫，個別的な声かけが届きやすい位置。 ⑤ 「見る場所・位置関係・視野」に留意（注意が逸れないよう） ⑥ 机の上に余分なものあれば，保育者と一緒に「しまう」	君も「皆さん」だ！ 情報の交通整理 お話＋見えるもの
B. 行動をコントロールする手掛かりを用意する。	⑦ ルールや，場面に合った行動を明示。応じた時は，すぐにほめる。 ⑧ 保育者と簡単な「お約束」をし，確認する（初めは短い時間間隔で） ⑨ 課題や活動が長くなる時は，随時区切り，確認しほめる ⑩ これからすべきことを，本人に言ってもらう（言語化）。	イケテル時にしっかりほめよ！
C. 気持ちを興奮させない配慮	⑪ 矢継ぎ早に，説教しても逆効果。 ⑫ こどもの興奮に，保育者が巻きこまれない（冷静な対応）。 ⑬ 友人とのトラブルの後，クールダウンしたら相手の意図や事実確認 ⑭ 「楽しい時間・活動」は「終わり方」も考えておく。	マシンガン禁止！ 巻き込まれ注意！
D. 失敗体験の蓄積を予防し成功と達成の体験を確保する	⑮ 苦手な課題場面では，援助は前提とし「不安軽減」を図る（ワーク等）。 ⑯ 寄り添いと声かけ，過去の「成功体験」を思い出させる言葉かけ。（ex.「この前カッコよかったね」「先生と一緒にやる？」） ⑰ 援助つきでも"出来た"という「成功・達成」の体験を重視。 ⑱ 「適切な方法」で援助を求めることができれば，応じる。（ex.「手伝って」「教えて」「ヒント！」等の援助要請や質問のスキル）	「恐れるな！」 やり遂げることに意味がある
E. "適切な方法"で気持を表現できるように	⑲ 「注目や関わり」を求める気持ちを，満たせる場と活動。（仕事と役割などを積極的に与える） ⑳ 友達との関係を，開始・維持・調整・回復するスキル（技術）を教える（例：誘う・謝る等）。適切にスキルを用いている時は誉める。 ㉑ 上記⑳のスキルを使っているお友達を，意図的にM君の前で誉める。 ㉒ "ちょっかい出し"や"困らせ"を助長（強化）しない。助長させたくない行動には，関わらないことも支援（加筆7月10日）	スキル 深追い注意！
F. 肯定される体験を確保し増やす	㉓ 「居場所」と「仕事と役割」を与え，ほめるチャンスを。（「得意なこと」を活かし，係やお当番の仕事，号令係や発表等で活躍） ㉔ 園の保育者全体で，肯定的な声かけや視線を送る（誉め・頷き等）	自己肯定感 先生が ハローワーク

（左側縦書き：子どもへの支援内容）

4章 障害児保育の実際──91

		㉕ "だめ"を多用せずに，肯定的な表現でメッセージを伝える (ex.「〜できる人!」「〜お願いね」「〜のほうがカッコイイよ!」)	ダメだけじゃダメ
		㉖ "自分だけが否定された"と本人が誤認しない伝え方。ルールの明示。(ex.「それはバラ組さんのキマリですヨ!」)	
	G.ネガティブな先入観がクラスに定着・固定化しないための配慮	㉗ 誉める時は皆の前で誉める。注意する時は晒さない。	他のこどもの視線にも要注意!
		㉘ M君への「個別的な配慮」はさりげなく行う。	
		㉙ 他児の気持ちを汲みつつ，非難の集中はかわす。(「皆の気持ち分かったヨ。この後，先生がしっかりM君にお話するから」)	
		㉚ "我慢している"子への配慮(「"いや"と言っていいのよ」)	
		㉛ 他の子も持っている「注目・関わり」を求める気持ちへの気付き。	
保護者への支援内容	H.保育者と保育所を「支援者」として認識してもらうための工夫(信頼関係の構築)	㉜ 否定的ではなく肯定的な表現でメッセージを伝える。 × 「お母さん，M君に〜してあげなきゃダメヨ!」→ ○「M君，ママと〜したって，喜んでましたよ」	私達絶対あなたの味方です!
		㉝ トラブルを報告する場合，保護者が"否定された"と誤認しない配慮。 ×「M君がまた〜しちゃいました。しっかり家庭で躾を!」 ○「今後，M君が…できるように，私達も応援します。」	どう伝えたかとどう伝わったかは別物!
		㉞ M君とM君の母の「いいところ探し」をし，積極的に家庭に伝える。(ex.がんばった事，やり遂げたこと等，電話や連絡帳の一言コメント)	
		㉟ 保育者の肯定的な感情を，言葉にして伝える (ex.「嬉しかったデス」)	
		㊱ 共感的なニュアンスの表現を多用する (ex.「私達」「一緒に」)	
		㊲ 保育者自身，保育者同士が，自分のコミュニケーションを振り返る習慣	
	I.対話や相談の可能性を拡げていく	㊳ 保護者からの"申し出""切り出し"を重視し大切にする。(ex.「どうしたらいいですかね…」と言ってくれるのはチャンス)。	
		㊴ 直ぐに「アドバイスしなきゃ!」と焦らず。しっかり傾聴姿勢を示す。(ex.アイコンタクト・頷き・相槌・支持と共感姿勢等)。	話上手は聴き上手
		㊵ 雑談，無駄話，送迎時の立ち話，ユーモアも大切にする。	無駄話上等!
		㊶ 各種の相談機関の情報提供も行う(押しつけは禁物，選択は保護者が)	
	J.親の自信の回復と自己肯定感につながるアドバイス	㊷ 保護者の工夫や努力は，結果の如何を問わず評価し共感する。	実践はアドバイスのネタの宝庫!
		㊸ 保育実践の中から，家庭で実行可能な有効活用できる具体的アドバイス。	
		㊹ 上記㊸のアドバイスの「その後」のフィードバックを受ける。"伝えっぱなし"のアドバイスにしない。(ex.「その後どうでした?」)	「使える」情報の提供
		㊺ 保護者による「自己決定」に基づく「成功体験」を大切に!(「自分で決め」「やった!」と実感できることは何か?)。	親の自信
諸機関との連携	1)○○市保健センター(○○保健師・○心理士等) 2)こどもクリニック発達相談室(○○医師) 3)○○市 保育巡回相談員 (○心理士，□□大学) 4)○○市教育委員会 ○○主事(就学支援担当) 研修 「ADHDの理解と支援」園内研修実施 研修 ○○保育士 □□主任 発達障害支援センター公開講座参加予定(8月5日)		

【備考欄】
　個別の指導計画　次回検討予定，10月13日　(○○市，保育巡回相談日に事例検討会を開催予定)

（4） 障害の特性を知り，人的・物的環境の調整を考える

　M君の場合，すでに専門機関で診断を受け，ADHD（注意欠陥／多動性障害）という障害名が明らかにされ，保護者はそのことを園に伝えている（図・表4-2，「相談・支援経過」）。当然のことながら，保育者は障害の基本特性について知る必要がある。書籍や文献を読むのもよい。そして地元の専門機関（例：発達障害支援センター等）が開催する各種研修会へも積極的に参加したい。

　さらに近年は，保育現場を専門家が訪問し（心理士や大学教員，特別支援教育コーディネーター等），発達障害のある子どもの支援方法に関するアドバイスを行う制度やシステムが拡がりをみせている（巡回相談）。こうした機会の積極的な活用を図りたい（園外の関係機関との連携については6章参照）。

　それではADHDの基本特性とは何であろうか？　その程度に個人差はあるが，不注意，多動性，衝動性を示すことが一般的に知られている。さらにこの傾向が，子どもの適応に著しい支障をきたし，発達水準に相応しない程度で現れている状態を示す（DSM-Ⅳ-TR／精神障害の診断と統計の手引き）。

　図・表4-2を見てみよう。M君は保育士の指示や説明に注意を向け，維持することに困難をもつ（図・表4-2の1，2）。また，道具をなくすことの多さも指摘される（図・表4-2の3）これらはADHDの基本特性のうち「不注意」に該当する。次に，「多動性」については，手悪さの多さや（図・表4-2の4）や離席の多さ（図・表4-2の5），つまり"落ち着きのなさ"として保育者が報告している。

　さらに，「衝動性」についても，順番待ちの場面でのトラブルが頻発するなど，当てはまる行動が見られる（図・表4-2の9）。また，保育者とのかかわりに着目すると，「繰り返し注意」することで，かえって"興奮"するとの報告がある。これは，ADHDの障害特性の一つであり，刺激に対して興奮しやすい傾向，つまり，易興奮性と呼ばれている（図・表4-2の26）。

　もちろん，「この子は○○障害だから」と，子どもの行動の"全ての側面"を障害特性から説明するのは軽率といわざるを得ない。しかし，障害特性を理

解することで，毎日の保育実践の配慮，可能な環境調整のヒントが得られることも事実である。たとえば，M君の「不注意」については，とくに聴覚的な情報に注意を向け，それを保持することの困難が著しい。

そこで，保育者からのメッセージを必要に応じて個別的に出すこと（図・表4-4の①），その情報量を過剰にせず，つまり一度に多数の指示を出さず小分けにすること（図・表4-4の②），言葉による指示に頼り過ぎず，実物や身振り，カード等の視覚的な手がかりも併用する等の支援の手だてが必要とされる（図・表4-4の③）。また，注意が他の刺激に引きずられやすい傾向（被転導性）も顕著であるため，視界や座席の位置の工夫，余分な刺激の制限等，具体的な支援の手だてが求められる（図・表4-4の④，⑤）。

(5) これ以上，困難を増大させないためには？ ——二次障害の予防の観点——

発達障害のある子どもの支援では，「**予防的な観点**」が不可欠である。なぜなら，この子どもたちには，生来の障害にとどまらず，環境との相互作用において，新たな困難が形成，増強されるリスクが伴うからである（二次障害）。

それでは，M君の場合はどうか？ 担当保育者は「ダメダ。デキナイ」とつぶやくM君の姿を心配している（図・表4-2の15）。こうした言葉を口にする彼の内面には，どんな変化が起きているのか？ まず，行動や情動をコントロールすることが苦手なM君は，日頃から失敗体験，叱責や否定される体験が多くなってしまう（図・表4-2の23）。

この結果，「**予期不安**」の増加，「**自己効力感（自分はできるだろうと思えること）**」「**自己肯定感**」の低下など，二次的な障害が憂慮される（図・表4-3の④⑤⑥）。また，友達の些細な指摘にも過剰に反応し，時に攻撃的な言動を示している（図・表4-2の14）。このことは，今後の対人関係において，間違った反応の仕方や認知が誤学習されるリスクも示唆している（図・表4-3の⑧）。

さらに，M君の不適切な行動は，周囲の人々の「否定的な」感情・評価・反応を高め固定化する（図・表4-3）。せっかく親切にハンカチを拾ってくれたM君に"ヤメテー！"と叫んでしまったクラスの女の子もそうした感情を抱いた周囲の子どもたちの一人である（図・表4-2の11）。

そこで，悪循環と二次的な障害の形成を防ぐ手だてを検討する必要がある。まずは，保育者自身の平素のコミュニケーションを見直すことから始める。具体的には，否定的なニュアンスの表現を多用せず「肯定的」な表現を心がけたい（例「～だめ！」ではなく「～できるね！」）（図・表4-4の㉕）。

次に，本人が得意とし，不安がなく自信をもって取り組める諸活動を日常の保育に採り入れる。そして，ほめられ，認められるチャンスを作り，M君の自己肯定感・自己効力感の維持・高揚を図る（図・表4-4の㉓，㉔）。さらに，クラスの他の子どもたちへの配慮も不可欠である。M君への過剰な非難の"集中"を避ける手だてを工夫すること，保育者自身が，クラスの「子ども達の目」を十分配慮した言動を心がける必要がある（図・表4-4の㉗，㉘，㉙）。

（6）「そう振る舞ってしまう」保護者の内面を理解しようとする

■保護者の眼に保育者はどう映っているのか？

保育者と保護者との関係にも着目したい。ここにも悪循環は存在している。M君のお母さんに"親としての自覚"を求めたい保育者は，「躾(しつけ)を家庭で！」と電話で伝えるが，相手に「逆ギレ」されている（図・表4-2の28）。面談のお誘いをしても，"ドタキャン"が重なり，保育者からの粘り強い働きかけは残念ながらことごとく逆効果となっている（図・表4-2の16）。

これらのエピソードは私たちに，大切な教訓を与える。つまり，どんなに熱意をもって保育者が家族と向かい合っても，相手への正しい理解と共感を欠いては，相互の信頼関係の構築には到底至らないのだ。それでは，どのような観点でこの保護者を理解すべきか？

まず，保護者のたどってきた道程，「これまで」を推し量ってみたい。行動のコントロールが著しく困難なM君の育児では，周囲の無理解，非難にさらされる苦い体験があったであろう。事実，現在もクラスの他の保護者からのクレームが殺到している（図・表4-2の18）。

したがって，M君の母の目には，（保育園も含めて）この世間は厳しく冷たいものと映っている可能性がある。本来，「味方」であるはずの保育者が，M君の母の目には必ずしもそうは映っていないのだ。むしろ，保育者からの否定

的な評価にさらされることを恐れ，相手を回避し，時には防衛的になっている。

■親としての自己肯定感・自己効力感は？

　また，保育園の駐車場では，M君を厳しく叱責する母の姿が目撃されている（図・表4-2の17）。わが子とのかかわり方がわからず，親としての自信を失い，不安とストレスを抱え，**自尊心や自己肯定感を低下**させている可能性も否定できない。もちろん，母はM君を大切に思っているが，わが子に肯定的な感情も否定的な感情も，双方もちうる非常に**アンビバレント（両価的）**な苦しい内的状態がうかがえる（図・表4-3）。

　こうした状況を理解すれば，ドタキャンや逆ギレ等，M君の母が防衛的な反応を保育者に示したとしても，決して不思議ではない。「親なら〜すべきだ」という無自覚で一方的な「正論」の押しつけが，保護者の不安を増加させ，自己への肯定感を傷つけてしまうのだ。さらには，園への不信感を生む。

　そこで信頼関係構築のためには，「あなたを否定しません」「私たち，味方です」というメッセージを，まずは保育者から送り続け，保護者にそう認知してもらうことが前提となる（図・表4-4の㉜〜㊲）。そして，親自身が肯定され，わが子と自分自身への"肯定的な"視点や感情を，維持・回復できる支援の手だてが求められる（図・表4-4の㉜〜㉞）。

(7) そこにある支援の可能性を見逃さない―潜在的ニーズへの着目―

　担当保育者は，週末のビデオ店でM君の母と偶然出会ったエピソードを報告している（図・表4-2の20）。ここでは，日頃は保育者を"避けている"ように見えたM君の母がきわめて饒舌であった。そしてこんな彼女の姿に，担任保育者は「M君のことも，これほど熱心に語ってくれれば……。」と後日感想をもらしている。読者のみなさんは，このエピソードをどう見るだろうか？

　実に"もったいない"話である。というのも，このエピソードは対話と支援の可能性を開く絶好のチャンスだったのだ。他者からの否定的な評価にさらされ続けたM君の母にとって，「わが子のトラブル」以外の「何でもない」話題は，ネガティブな感情から自由になれるテーマであり，安心して話せたのだ。また，M君の母が回避してきたのは，"否定的な評価に晒される状況"であり，

実は「人とのつながり」そのものを拒絶してはいない。むしろ,「話ができる相手」を本当は強く求めている。そうした,潜在的なニーズがここで浮上してくる。

そこで,次の諸点を個別の指導計画に盛り込む。まず,M君のトラブル等のネガティブな情報だけでなく,がんばったこと,やりとげたこと,周囲からプラスに評価されたことを,積極的に保護者に伝える(図・表4-4の㉞)。次にM君の話題に限定せず,雑談や無駄話,ユーモアも大切にしたい(図・表4-4の㊵)。(その意味で,無駄話は,本当は"無駄"ではない。)

そして,保育者は立ち話,送り迎えの雑談,連絡帳のコメント等,日常のさまざまな事柄を支援の「チャンス」と見る視点をもちたい。なぜなら,こうした地道な積み重ねが,保護者との対話の可能性を開き,信頼関係の土台づくりの一助となるからである。

(8) 保育者が自らのコミュニケーションのありかたを省察する

■**傾聴姿勢をもつことの重要性**

「対話の可能性」の扉が開いているにもかかわらず,それに気づかず,保育者側から「閉じて」しまったエピソードもある。M君の母は「うちの子なんとかなりませんか?」と保育者に語っている(図・表4-2の㉙)。そして,担任は「私は専門家ではないので……」と返答し,すぐに専門機関を紹介しようとした。これは,担任なりの誠実さや謙虚さの表れかもしれない。

しかし,M君の母は担当保育者が「ちゃんと話を聴いてくれない」と感じたことであろう。なぜなら,ここで,保護者が求めたのは模範解答ではなく,まず,話に耳を傾けてもらうことだった。こんな時は,「何か言わなければ!」と焦らず,まずは「お話を聴かせて下さい」という態度,つまり**傾聴姿勢**を示す必要がある(図・表4-4の㉟)。

■**自分たちのコミュニケーションをチェックすることの重要性**

このように,日々の実践では気づかないうちに,相手を遠ざける言動をしてしまうことは,誰にでもあり得る。しかし,プロの支援者たる保育者は,こうした事態を極力回避すべきである。

そのためには，まず保育者自身が，自らのコミュニケーションを振り返る習慣をもちたい。これには，会話などの**言語性コミュニケーション**だけでなく，表情や身振り等の**非言語性コミュニケーション**も含む。そこで，日頃から共に働いている保育者同士が，保護者との関係を見合い，お互いにアドバイスし合う習慣をもつことをぜひ，お勧めしたい（図・表4-4の㊲）。このことで，同僚の視点を借りて自分のコミュニケーションをチェックできる。（例：「○○先生，お母さんに"安心してください"と言ってましたが，先生の表情も不安そうヨ。自信をもって！」）

■**自分の「ものの見方・考え方・感じ方」に気づいているか？**

　子どもや保護者と向かい合う時，保育者は「自分の心」にも眼を向ける必要がある。なぜならば，子どもや保護者，そして仕事や自分自身への**「見方・考えかた・感じ方」**（認知）は，保育者自身の言動を方向づける。結果として，それは保育者と子ども，そして保護者との関係にも大きな影響を及ぼす。

　たとえば先ほどの例でいえば，M君の担任が「私は専門家ではないので（図・表4-2の29）」と失言をしてしまう背景には，自信のなさや，障害のある子の支援という目前の課題を「自分の本業のひとつ」として主体的にとらえきれていない"考え方"がある（図・表4-2の22）。

　以下，自らの「見方・考え方・感じ方」を振り返るチェックポイントを紹介する（a)〜g)）。これらは，保育者がプロの支援者として，バランスのとれた，建設的な認知のスタイルをもつうえで重要と考えられる。

a) 保護者の短所等，「否定的側面」に目がつきやすく，相手に対して，偏ったマイナスの感情や評価を抱きやすくないか？
b) 「原因帰属」の方法に偏りがあり，「すべては親の育て方の問題」「甘やかされたからだ」などと，極端で短絡的な理由づけをしていないか？
c) 目の前の問題や相手との間に「適切な距離」がとれず，親や子どもの言動に振り回され，保育者自身が心理的に不安定になっていないか？
d) 物ごとの判断において，「過度の一般化」をしやすく，「親ならこうすべき」「子どもは皆，○○だ」と考えたりしないか？

e) 個人的体験，特定理論やハウツーに過剰に依存していないか？
f) たとえば，「○○君のお母さんを"苦手"と思ってしまう私は，ダメな保育士だ……」などと，保護者とかかわる体験のなかで自然に生じる，"生身の人間"としての自分の感情を否定し，拒絶してはいないか？
g) 園内の同僚とのコミュニケーションが乏しくないか？ 人に相談せずに，自分だけで問題を抱えすぎ，「自己完結的」に解決したがらないか？

等々である。

これらは，保護者とのコミュニケーションを円滑に進めるうえで必要であるばかりでなく，保育者が日々の対人関係のなかで，ストレスとうまく付き合い，精神的な健康を保ちながら仕事を続けるうえでも重要なポイントである。保育者は自分のものの見方や考え方を，適宜，"自分の目で見つめ続ける"，つまりセルフモニタリング（self-monitoring）する癖をもちたい。

3 保育実践における支援仮説の実行と展開

1．保育実践に"活かされる"個別の指導計画とは？

既述のように，子どもの姿を見つめ，考えるプロセスを経て「支援仮説」はつくられ，個別の指導計画に記述される。しかし，それが職員室の机の引き出しにしまい込まれたままでは意味がない。また，「とりあえず計画は書いたけど，実際の保育はネ……」と，計画そのものが実践に活かされず，形骸化する事態は避けたい。毎日の実践に「活用」されなければ，個別の指導計画に込められた理想も「絵に描いた餅」である。

以下，支援仮説を毎日の実践に"本当に活かす"ポイントを紹介したい。

（1）「活用と共有」を前提とした表現や構成の工夫

■記述と表現に具体性を：個別の指導計画は担任以外の保育者が読み，理解できることを前提に書く必要がある。そこで，抽象的な表現ではなく極力，具体的な記述が求められる。つまり，保育者が「何をするか」，子どもに「どんな

行動を期待するか」までを，支援の手だての欄に記入する。

　たとえば，図・表 4 - 4 では「肯定的な表現」と記載されている（図・表 4 - 4 の㉕）。しかし，これだけでは具体性に欠けるため，「〜できる人」「〜お願いね」等の"会話表現の具体例"も次の行に付加されている。これは，他のクラスの保育者にとって，非常に役立つ情報の一つであると考えられる。

■共有すべき情報に軽重と階層性を：担任であろうとなかろうと，ニーズを有する子どもに対して，園内の保育者はすべて支援者である。しかし，立場が変われば，把握すべき情報量や詳細さは変わる。具体的な支援の手だてを，「すべて頭に入れて」と担任が他クラス保育者に要求するのは現実的ではない。

　コンセンサス（共通理解）として皆で確認したい部分は，図・表 4 - 4 中では「1．支援目標」「2．支援ポイント」等であろう。また，「ここは大切！」「ここは気をつけて！」と担任が感じ，他クラス保育者に伝えたい支援の手だてには，マーカーやアンダーラインなどを施してもよい。

■キーワードやキャッチフレーズ：図・表 4 - 4 の書式には「キーワード」の欄も設けた。これは，筆者が保育巡回相談で今後，試行的に導入しようと考えているもので，支援の基本姿勢やポイントを，簡潔に表現したものである。たとえば，「自己肯定感」など，支援の重要なキーワードを記載する。

　また，「得意なことを活かして，係とお当番活動で活躍……」という M 君の支援の手だては（図・表 4 - 4 の㉓），「先生がハローワーク」なるキャッチフレーズにした（職業安定所に例えて）。こうした，一見ユーモラスな記述の工夫は，保育者同士の日常の対話と情報交換を促進する。さらに，各々の保育者の持ち味を活かした実践にもつながる可能性が期待される。

■書式にも気持ちにも「書き込み」の余裕を：保育者は日々の実践で，さまざまな発見をする。もし「このやり方，とっても良かった！」という発見があれば，その「新たな」支援の手だてを，個別の指導計画に加筆したい（日付も記入）（図・表 4 - 4 の㉒）。そこで，新規の書き込みを容易にするために，書式に余白を確保しておきたい。Word や Excel 等で個別の指導計画が作成されていると，これらの作業は簡便になる。ただし，データの管理には細心の注意を要

する。ノートパソコンやメモリーカードでの園外の持ち出しは，紛失や流出のリスクが伴うことを忘れてはならない。

■「保育者自身の言葉で」記述する：図・表4-4を見てわかるように，個別の指導計画で用いられている用語は，特殊な専門用語というより，むしろ日ごろ保育者同士で取り交わされているものがほとんどである。このように，個別の指導計画が，現場の保育実践に根ざして，日々の取り組みで効果的に活用されるためには，「保育者自身の言葉」で書かれることが重要である。ただし，子どものニーズや必要とされる支援の本質を，的確にコンパクトに表現できる「専門用語」があれば，あえて積極的に用いて，これを園内のコンセンサスや共通言語にする必要もあるだろう（図・表4-4中では，クールダウン・スキル・自己肯定感等がこれに該当する）。

(2) 定期的に振り返りの機会をもつ

個別の指導計画の"つくりっぱなし・やりっぱなし"は避けたい。そこで，ある程度の期間をおいて実践を振り返ること，つまり評価を行う必要がある。以下，その評価のポイントについて述べる。

■子どもと家族の姿に即して：評価のポイントは，実は，個別の指導計画の用紙の中にすでに書かれている。つまり，「1.支援目標」「2.支援ポイント」「3.支援の手だて」の各内容に即して，子どもや家族の行動の変容（変容がないことも含めて）を振り返る。つまり自ら支援仮説を作ったのであるから，その仮説に沿って振り返る必要がある。また，この際，一人ではなく極力，複数の保育者でこの作業を行うことをお勧めする。

■実践内容と保育者のあり方に即して：先に私たちは，保育実践では子どもだけではなく，保育者自身も含めた環境にも着目すべきことを学んだ。したがって，保育者自身の行動や姿も，当然，振り返りの対象となる。そして可能な範囲で，子どもの行動の変容と保育者のかかわりの関連性を丁寧に考えてみたい。

■仮説そのものがどうなのか？：支援仮説はあくまで"仮説"であるから，それ自体の「再考」を求められることもある。これにはいくつかの場合がある。

a) 当初に見られた困難の改善や，子どもに好ましい変容が見られ，次のス

テップを見据えた，また新たな支援仮説を用意する必要が生じた場合
b）当初の支援仮説を継続するだけでは，現状の困難の改善や子どもの発達的ニーズに応えられないと判断された場合
c）その後の実践の経過で，支援の手だてについて，新たな"発見"が数多くあり，それを新たに盛り込んだ仮説を「再構成」する必要が生じた場合
d）当初の支援仮説が，現状の保育環境や人的体制では継続が難しく，実現困難と判断された場合（実行可能性と継続可能性の問題）

など，このような再考が行われる場合，当然，個別の指導計画は，加筆修正や変更を求められる。

このように，個別の指導計画に書かれた支援仮説は，見直しや再考を繰り返すプロセスを経て，より子どもと家族のニーズに接近したものへとバージョンアップされていくのだ。したがって，保育者は初めから完璧な個別の指導計画を書こうと肩に力を入れる必要は全くない。そこには当然，試行錯誤があってよいのだ。支援仮説づくりと日々の実践は，行ったり来たりを繰り返しながらも，徐々に頂上の高みをめざす「登山電車」の旅路に例えられるであろう。

2．保育実践を創造的に広げ，深めるためには？

かつてある保育者は，筆者にこうたずねた。「計画に書いてないことでも，"いいな"と思ったら，子どもに実際に試してもいいんですか？」と。もちろん，答えは"Yes"である。保育所保育指針（平成20年3月，厚生労働省）は，障害のある子どもの保育の展開においては，「指導計画にとらわれず，柔軟に保育」することを求めている。

また，個別の指導計画は，子どもと家族のニーズに基づいて保育実践を方向づけるための，あくまで目安である。決して，実践を硬直化させ，保育者の豊かな発想と創意工夫を制限するものであってはならない。

そこで以下，保育をより創造的に拡げるための，個別の指導計画の"柔軟で発展的な活用"のポイントについて解説する。

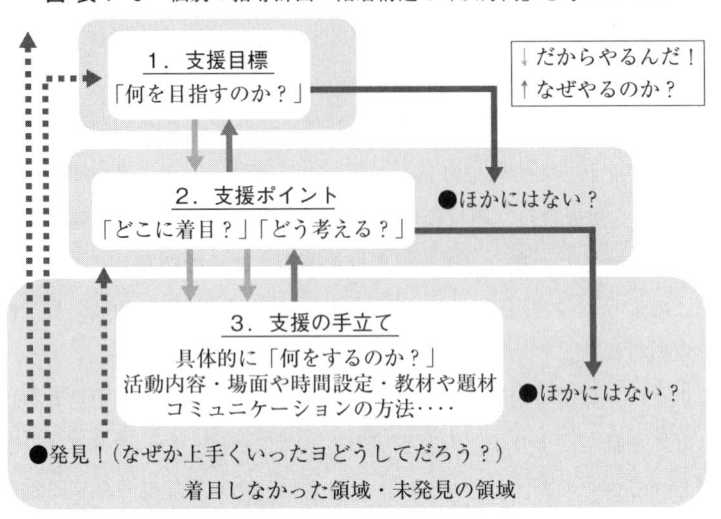

図・表4-5 個別の指導計画の階層構造と「双方向」思考プロセス

```
    ┌──────────────────────┐    ↓だからやるんだ！
    │   1．支援目標          │    ↑なぜやるのか？
    │ 「何を目指すのか？」     │
    └──────────────────────┘
         ↓  ↑
    ┌──────────────────────┐
    │   2．支援ポイント       │    ●ほかにはない？
    │ 「どこに着目？」「どう考える？」│
    └──────────────────────┘
         ↓  ↑
    ┌──────────────────────┐
    │   3．支援の手立て       │
    │ 具体的に「何をするのか？」  │    ●ほかにはない？
    │ 活動内容・場面や時間設定・教材や題材 │
    │ コミュニケーションの方法…… │
    └──────────────────────┘
●発見！（なぜか上手くいったヨどうしてだろう？）
　　着目しなかった領域・未発見の領域
```

(1)「目指すこと」「大切にすること」「実際にすること」がつながっている

　図・表4-4の個別の指導計画には、「1.支援目標」「2.支援ポイント」「3.支援の手だて」など、いくつかの項目が設定されている。実は、これらの項目間には階層性があり、デパートのように階をなしている（図・表4-5）。

　つまり、毎日実際に行っている「支援の手だて」のうえには、さらに上位の「支援ポイント」があり、さらに「支援目標」がある。実際にデパートの各階が、エスカレーターでつながっているように、保育者の課題意識のなかでも、これらが分断されることなく、結びついている必要がある。

　図・表4-5にある複数の"矢印"に着目したい。まず、上位から下位に向かう「下向き」の直線矢印は、目標を実現するために具体的に何をするか、つまり「～だから……をするのだ」という思考のプロセスを示す。たとえばM君の場合、「自信と達成感をもって活動に参加」する支援目標（図・表4-4の(1)）を実現するために、「肯定される体験」を確保すると考えられる（図・表4-4のF）。さらに、その体験の具体的内容として、「係とお当番」の場面を活用するのだ（図・表4-4の㉓）。

今度は，逆を考えてみたい。「上向き」の矢印，つまり下位から上位に向かう思考のプロセスである。これは，実際に行っている毎日の取り組みの"根拠や意義"を確認することにほかならない。つまり，「なぜ，この手だてを行うのか？」と保育者が自問することである。
　このように，「目指すこと（支援目標），大切にすること（支援ポイント），実際に行うこと（支援の手立て）」が，保育者の課題意識のなかで，相互に関連づけられる思考のプロセスがニーズに即した支援を可能にする。

■「迷いを抱いた」ときには，支援仮説に立ちかえろう
　それでは，このように階層間で相互性と関連性のある思考ができると，保育者の進める実践にどのようなメリットがあるのだろうか？
　まず第一に，保育者が「迷い」を抱いたとき大いに役立つ。たとえば，M君の担当保育者は，ワークブックの課題場面で"手伝って"というM君の要求に応じることに（図・表4-2の34），「手を貸してよいのか？」「この保育でいいのか？」と迷いを抱くかもしれない（図・表4-2の22）。さらに，「甘やかしてない？」と他の保育者の指摘を受けることもありうる（図・表4-2の21）。
　そんなときは，個別の指導計画のより上位の項目に目を向け，当初の支援仮説に"立ち返る"ことをお勧めしたい。そうすれば，「M君にとっては，失敗や不安への配慮のある援助が（図・表4-4のD），実は場面への参加を促すことにつながるのだ（図・表4-4の(1)）。」と再確認ができるだろう。こうした思考ができることは，「これでいいのだ」と，保育者が日々の実践に自信をもって，根気強く働き続けるうえで意義深い。

■あなたは「説明可能」な保育者になれるか？
　第二のメリットは，保育者の専門性の向上である。その専門性とは，自らの実践と支援を，相手に理解できるように「説明可能」となることである。つまり，「何をしている」だけでなく「何故しているのか」「何をめざしているのか」を言語化し，適切に伝達する能力である。
　周知のように，児童福祉法は保育士の定義の1つに「保護者に対する保育に関する指導」（第18条の4）を定めている。保育者にとって，自らの実践を

「説明可能」であることは，こうした保護者への助言やアドバイスを行ううえでの必要条件である。

「お母さん，○○君に〜してください！」と，一方的な指導をする保育者と，「〜してみてくださいネ。それってネ，こんなイイコトがあるんですよ」とわかりやすく根拠も示してくれる保育者では，保護者はどちらに信頼をよせるであろうか？　その答えは明らかである。保育者は，保護者にとって役立つ情報を，わかりやすく提供する技術の研鑽にも努めたいものである（図・表4-4の㊸）。

そして，「説明可能」であることは，園外の専門家との連携と協働を進める上でも重要な要件である。保育所保育指針（平成20年3月，厚生労働省）には，障害のある子どもの保育に関して，保育所と「専門機関との連携」の重要性が明記されている。

さらに，ここでの"連携"は，外部の専門家（例：巡回相談員）の助言をただ仰ぐような，一方的で依存的な関係ではなく，対等な協働関係であるべきだ。そして，ここで保育者自身が，自らの仕事の「目指すこと」「大切にすること」「実際にすること」，つまり実践をしっかりと「言語化」することは，連携と協働の実効性をより高めることに繋がる（藤野・森・大伴，2010）。

（2）「意味づけ・導き出し」ができるかどうか？

再度，図・表4-5を見ていただきたい。「支援目標」「支援ポイント」「支援の手だて」を示した各々のボックス（四角）は，もう一回り大きいボックスで囲まれている。影を施したこの領域は，「まだ発見されてない」事柄を示している。そして，個別の指導計画作成以降の実践が，さらなる豊かさと厚みをもつうえで，実はこの領域が大きな意味をもっている。というのも，ここには個別の指導計画には未だ書かれていない，より深い子ども理解のための"気づきのチャンス"や実践と支援の"アイディア"が眠っているからだ。

■発見を意味づける思考のプロセス：保育者は，毎日の実践で意図や目的をもって子どもにかかわる。しかし一方で，何気なくやったことが，「なぜかうまくいった」という経験もしばしばするものだ。

たとえば，保育記録の整理シート（図・表4-2）にもあるように，M君の保育者は，彼の行動に振り回されていた。教室から出て行く彼を，追いかけることに疲れたある日，「今日はもういいや……」と肩の力を抜き，安全確認したうえで「放っておく」ことにした。そして，そこでM君のとった行動は，意外にも，"自分から教室に戻る"というものであった（図・表4-2の30）。

これは，「たまたま」ですませるには，実にもったいない話である。というのも，「たまたま」起きたように見えるエピソードとどう対峙するかが，その後の実践の深化を左右するからだ。「どうしてなの？」と，その発見の「意味づけ」を試みてみよう（図・表4-5中の上向きの点線矢印は，発見の意味づけを試みる保育者の思考のプロセスを示している）。

ところで，M君の担任保育者は，この発見をその後，どう意味づけただろうか？　その後，似たようなエピソードは幾度か生じた。そして，彼女はこう結論づけた。「敢えてかかわらないことも支援の一つなんだな」「深追いはよそう」と。この発見の意味づけをもとに，後日，個別の指導計画に新たな支援の手だてが盛り込まれた（図・表4-4の㉒）。

■**支援方法を導く思考のプロセス**：このように，一つひとつの具体的なエピソードに着目し，M君の支援に関する大切な気づきに至った保育者の思考は**帰納的**(きのうてき)なものである。一方，その逆方向は**演繹的**(えんえきてき)，つまり，支援の原則から具体的な方法や手だてを「導く」ことである。そして，この思考のスタイルは，保育実践の重要な問いへのヒントを私たちに与えてくれる。それは，集団を前提とした日々の保育の取り組みのなかで，いかにして，個に即した支援をタイムリーに，かつバリエーション豊かに発想し，実行できるかという課題である。

以下，この課題に挑戦したM君の担任保育者の取り組みを紹介する（episode 1～4）。ここで担任は個別の指導計画を踏まえ，演繹的な思考を使いながら，個に即した支援の可能性を集団の保育場面で探求している。つまり，適切な支援の手だてを柔軟に，タイムリーに発想し工夫している。そして，それが可能であったのは，裏付けとなる支援仮説があったからである。つまり，「この子が必要としていること」を自覚すればこそ，「今何をするのか？」が導か

れるのだ。
　さらにM君の担任が，取り組みを進行しつつ，随所で保育環境や内容を，そして自分自身の働きかけを「振り返って」いることにも注目したい。こうした「省察」の姿勢と視点が，実践の豊かさにつながることはいうまでもない。

〈事　例〉

● episode 1　「目で見える手掛かり」の具体的方法をタイムリーに工夫する
　先週，M君とばら組は（年長），航空博物館に遠足に出かけました。既に教室の壁一面には，各自がその時の思い出を描いた絵が，ずらりと張り出してあります。今日は，掲示してあるその絵をもとに，各自が「楽しかったこと」を，一人ひとり順番に発表（お話）する「発表」の場面が設定されました。
　他の子どもたちは，壁に貼りだした"沢山"の絵の中から，発表者の絵に注目できます。しかし，ADHDの特性から，注意に困難をもつM君は"目移り"してしまいます。順番を待っている間，そのうち，発表者ではない別の子の絵を見て，「ボク，あれが飛んでるとこ見た!!」と勝手なおしゃべりを始めます。「ウルセーンダヨッ!」とお友達からの叱責も入ってしまいました。
　そんなとき，担任の脳裏には，「目に見える手がかり」という個別の指導計画の記述が浮かびました（図・表4-4の③）。ふと教卓に目を移すと，鯉のぼり制作で余った竹の棒があるではないですか！担任は早速これを「さし棒」代わりに使い，発表している子の絵を直接示してみました。すると，短時間ではありますが，注意が回復し，再び絵に注目できたM君でした。担任保育者は，「気づくか気づかないか，その差は大きいものだ！」と実感しました。

● episode 2　適切な「情報量」に着目し，環境調整の手だてを発想する
　クラスの半分の子は，まだ順番が巡ってきていません。次の日も同じ取り組みを行う予定です。M君の担任は，その日の仕事を終え退勤する間際に，「今日のM君はなんでいつもより気が散っていたのかな？」と振り返ります。そして，個別の指導計画を再度読み返しました。すると「情報量」という言葉が目に飛び込んできました（図・表4-4の②）。「そうだったのか！」担任は取って返し，改めて自分の教室を眺めて見ました。クラス全員の絵や制作，季節の装飾，カレンダー，全員の誕生日表，遠足の写真……。毎日見慣れている教室

の風景ですが，こうして改めて眺めてみると「情報が多すぎたかも……」と気づかされるのでした。

そして、次の日になりました。今回担任は「情報量」に配慮して，こんな方法を「導いて」みました。まず，掲示してあった子どもたちの航空博物館の絵は，事前に壁からいったん外しておきました。そして，子どもたちの発表の順番が巡ってきた時に，そのつど保育者が，「ジャーン！」と，「紙芝居」のように1枚1枚見せたのです。

この方法は，一度に沢山の情報が入りすぎず，注目すべき場所も明確です。また，発表中のお友達と絵が，同じ視野に入る「位置関係」にもなります（図・表4-4の⑤）。ここでM君は，昨日よりも長い時間お友達の絵に注目し，話を聴くことができました。

また，担任はこんな事実にも気づきました。この方法はクラスの他の子ども達にも"受けが良い"ようで，期待感を持って参加する子が沢山いました。M君への工夫が，他の子にも楽しんでもらえる。担任にとって大きな発見でした。

● episode 3　子どもが「肯定される」チャンスを大切にする

いよいよM君の発表の順番が巡ってきました。M君にとっては，決して短くはない順番待ちでした。「何とか無事に，トラブルなく済んでくれれば……」と祈るような気持ちの担任。しかし，M君当人の表情を見ると，そんな担任の気持ちとは正反対に実に楽しそうです。というのも，飛行機マニアのM君は，かなりの"秀作"を仕上げていたのです。博物館のエントランスに銀の翼を拡げる飛行機は，とても堂々としていました。

そんなM君を見て，担任は個別の指導計画にあった「肯定される体験」という支援ポイントを思い出します（図・表4-4のF）。「そうだ，今がその時だ！」そう気づいた担任は，皆の前でM君をしっかり誉めます（図・表4-4の㉗）。また，「みんな，どうこの飛行機？」と，クラスの子どもたちの反応を引き出してみます。すると，昨日「ウルセー」とM君を叱責した男の子も一緒に，「超カッコイイー！」とほめてくれました。ちょっと照れくさそうにしながらも，満面の笑顔のM君。そして担任は，この出来事で，「肯定される体験」の大切さを，より深く認識するのでした。

● episode 4　適切な行動を具体的に明示しタイムリーに強化する

　しかし，自分の発表が終わると，すぐにM君の集中力の糸は切れてしまいます。座席でモジモジ体を動かし，少し，立ち歩きも始まります。「ちゃんとして！」と，担任は注意を繰り返しますが効果はありません。「もう限界かな？」そう担任が思い始めたころ，先輩保育者が「もっと具体的に言うと通じるかも」と耳打ちしてくれました。そう言われてみれば，「ちゃんとして」はかなり曖昧で，漠然とした表現です。

　そこで担任は，個別の指導計画の「場面に合った行動を明示」という箇所を想起しました（図・表4-4の⑦）。もちろんそれを，「肯定的なメッセージ」（図・表4-4の㉕）で伝える配慮も忘れません。すると，「さっきは飛行機の絵，上手だったね。カッコよかった！」「オイスに座って，お友達の絵もほめてあげて。そしたら，もっとカッコいいよ！」こんな言葉が，担任の口から自然に出てきました。

　日頃から気の利いたことを言うM君。座席に戻り「〇〇ちゃん上手！」と発表中の女の子の絵をほめてくれます。「アリガトウM君」と，彼女にお礼を言われた彼もうれしそう。そんな姿を見て「イケテル！」と担任は感じました。そして，「イケテル時にしっかりほめよ！」という個別の指導計画の"キャッチフレーズ"を，即座に実行に移します（図・表4-4のキーワード欄）。「お友達をほめてくれるM君は優しい！」とその場でほめます。M君は笑顔。

　こうして，M君は集団の取り組みに，参加することの楽しさと，自分への肯定感を感じることができました。そして，「一つひとつ私ができることを，丁寧に工夫すれば，これからもM君を支えていけるんだ！」，そんな手応えを，担任保育者も感じていました。

4　保育実践における協働の進め方

1．保育実践におけるカンファレンスの目的・意義

　前節では，保育実践における支援仮説と，それを毎日の取り組みに活かすことの大切さについて学んだ。しかしこの営みは，一人の保育者の努力のみでは

写真4-2　保育カンファレスの風景

(写真は，本章で紹介する事例と直接の関係はありません。)

実現困難であり，園内の保育者同士の協働を必要とする。

　それでは，M君の園内ではどうであろうか？　M君とその家族の支援，他の保護者への対応等，幾多の課題が山積しているにもかかわらず，M君への対応方法をめぐっては，担任と他クラスの保育者との見解は一致していない。さらに，「(M君を) 甘やかしてない？」と他の保育者から非難を受け，M君の担任は，勤務する保育園内で孤立感と不安を抱えている (図・表4-2の21)。このように，園内の協力関係は残念ながら不十分であるといわざるを得ない。

　今，ここで必要なのは，園内すべての保育者が (経験や立場の違いを超え)，現実と対峙し，課題解決のありかたを"共に考える"協力関係である。つまり，"相互理解"と"協働"の可能性を開く機会と場である。そこで，ここでは「**保育カンファレンス (以下，カンファレンス)**」に着目したい。

　カンファレンスは，関係者間の話し合いの場である。これは，各種の会議や事例検討会，研修等の位置づけや形式で行われる。その目的と意義は，主に以下の諸点に要約できる。

　①子どもや家族のニーズに即した支援の目標と具体的な手だてを，関係者同士の対話や情報交換を通じて明らかにすること

②子どもと家族の支援について関係者間の**共通見解（コンセンサス）**をつくり，よりよい協力関係を構築すること

③"みんなでこの子を支えよう"という志と課題意識を共有し，園全体の支援体制を強くすること

④自他の実践を見つめ，各自が保育者として成長しあうこと

などがある。

２．生産的にカンファレンスを進めるためには？

しかし，ただ漫然と「○○君をどうする？」と話を始めるだけでは，時は空しく過ぎるだけである。それでは，「生産的な」カンファレンスとは，いったいどのようなものであろうか？

それは第一に「見つかる」カンファレンスである。実践上の諸課題の解決方法，つまり，子どもや家族の支援方法が見つかることである。第二には「つながる」カンファレンスである。そこでは，保育者等の関係者間の対話が活性化され，保育園内外の相互理解と協働が促進されることが期待される（園外の専門機関との連携や協働については，6章を参照のこと）。

それでは，そうした「生産性」のあるカンファレンスを実現するために，保育者はどのような観点と姿勢をもって，この場に臨むべきか？　以下，その主なポイントを紹介したい（図・表4-6）。

（1）　カンファレンスの目的を理解しているか？（図・表4-6の01～04）

カンファレンス参加者は，今，誰のどのような利益のために，話し合いのテーブルについたのか？それを忘れてはならない。子どもにとっての「**最善の利益**」につながる実践を真剣に考える。この目的の理解があれば担当クラスや経験年数にかかわらず，自覚的で協力的な振る舞いや発言ができるはずである。

（2）　情報が活用可能な状態にあるか？（図・表4-6の05～07）

検討の材料となる情報を，事前に整理したい。子どもの記録や日誌等が役に立つ（情報の整理の方法については，本章2-1-(1)(2)(3)にて解説済み）。また，生育歴や家庭状況についても，可能な限り情報を得たい。本人が利用している

図・表 4-6 保育カンファレンスを生産的・建設的に進めるポイント

ポイント	確認と配慮事項
1. カンファレンスの目的を理解しているか？	□01 「誰の」「どのような利益」のための検討なのかを知っている。 □02 実践上の課題解決を図る目的の理解。 □03 情報の共有とコンセンサス（共通理解）を形成する目的の理解。 □04 研修と研鑽の意義の理解。
2. 情報が活用可能な状態にあるか？	□05 情報（記録等）が検討を意図した形式で整理されている（書式等）。 □06 日々のエピソードも、大切な情報源として記録し報告される。 □07 個人情報の取り扱いについての留意が行われる。
3.「着眼点」や「考え方」を大切にしているか？	□08 Weakness（弱いところ）Strength（強いところ）の双方への着目。 □09 行動の背景と意味を検討している。 □10 対象児と周囲の環境（保育者を含む）との関係への着目。
4. 仮説⇒実行⇒検証のプロセスとサイクルはあるか？	□11 「報告会」に終始しない。支援のプラン（仮説）が産出される。 □12 日々の実践の中に、支援のヒントを発見する視点を持つ。 □13 実践の結果を省察（検証）する機会を確保する。 □14 「偶然上手くいった」「何故かうまくいった」ことの意味づけ。
5. 支援の実行と継続の可能性を吟味しているか？	□15 「限られた時間」を有効活用する"手だて"が工夫される。 □16 対象児や家族・保育者に過剰な負担を強いる方法は採用しない。 □17 クラス替えや異動等があっても支援に一貫性を確保する。
6. 対話の閉塞を防ぐ建設的な進行の配慮は？	□18 「悪者探し」をしない（自他の双方）、「抱え込み」をなくす。 □19 立場の違いを、相互理解の困難な、"都合のよい"理由にしない。 □20 困難な状況に巻き込まれていない。適切な距離を保っている。
7. 保育者間の対話が活性化される配慮はあるか？	□21 「自分（たち）の言葉」で実践を語る機会と空間の確保。 □22 発言や提案に、一定の敬意がはらわれ、皆が傾聴する。 □23 不安・焦燥感・閉塞感・葛藤等を語ることも出来る。 □24 「正解しか言ってはダメ」という固定観念にとらわれない。 □25 批判や指摘に慣れる。保育者間にプロとして成熟した関係がある。 □26 参加者間に「ユーモア」がある。
8. 保育者の主体性は？	□27 支援の手掛かりを実践の中で発見しようとする志向性を持つ。 □28 自他のやりがいへの配慮。実践者としての自尊心の尊重。 □29 ハウツーにこだわらず。プロセスの重要性を自覚している。 □30 外部の専門家の助言を鵜呑みにせず、咀嚼・取捨選択する。 □31 実践の到達点と、既存の支援方法を、しっかり言語化する。
9. 各自が「責任と役割」を自覚しているか？	□32 議論や検討の「テーマとキーワード」を押さえている。 □33 参加者がそれぞれの機能と役割を担う。 （問題提起・情報提供・観点提示・議論整理・共感と支持・モニタリング・助言・記録等） □34 話合いをコーディネートする人、進行する人がいる。
10. 実践と協働の深化に繋げる視点	□35 （カンファレンス以外の）インフォーマルな場面でも保育者同士の対話や情報交換が盛んになる。 □36 個々のこどもの検討から、園全体の保育実践に活かせる知見や方法の発見がある。（「みんなに当てはまること」探し）

（出典：森正樹『特別支援教育における教師の課題解決と協働を促進するコンサルテーション―巡回相談における生産的なカンファレンスの検討―宝仙学園短期大学紀要33』 2008年 p.7-16および森正樹「保育の場におけるカンファレンスの進め方」本郷一夫（編著）『シードブック障害児保育』建帛社，2008年，p.123-137を改変）

場合は，他の専門機関からの情報も参考になる。ただし，これらの**個人情報**は取り扱いに注意を要する。安易な持ち出しや他言・漏洩は厳禁である。また，外部の専門機関との連絡や情報交換も，原則として保護者の同意を得る。

（3） 検討の着眼点と考え方の枠組みをもつ（図・表4-6の08～14）

子どもの現状を理解し，その支援方法を考えるためには，着眼点や思考の枠組みが必要である。（これらの諸点は本章2-2(1)～(8)にて解説済み）。

①子どもの「苦手と得意」の双方，weakness（弱いところ）とstrength（強いところ）の両方へ着目する。

②子どもや保護者の行動の表面だけではなく，背景にも目を向ける。その行動がその子にとってどんな意味をもつのかを検討する。

③子どもと周囲の環境（保育者も含めた）との，相互のかかわりを俯瞰する。

④「仮説→実行→検証」のサイクルにカンファレンスを位置づける発想をもつ。つまり，支援仮説をつくり，その結果を後日振り返る機会を確保する。

（4） 限られた時間と機会の有効活用（図・表4-6の15～17）

保育現場は多忙である。カンファレンスに充てられる時間は決して潤沢ではない。そこで，この貴重な時間と機会を最大限に「有効活用」する工夫が求められる。カンファレンス前日以前に，検討対象の児童名と主な検討課題を周知し，一読をお願いしておく。これらの事前の工夫により，参加者は自分の考えや情報を，ある程度整理したうえでカンファレンス当日を迎えることができる。

そして，「実行可能」なスケジュールを組む必要もある。あまりに沢山の対象児，テーマを盛り込み過ぎると，結局は中途半端な話し合いに終始しがちだ。時には事例数を絞り込む決断も求められる。年間会議日程や研修計画を立案する段階で，カンファレンス枠を設定し，順次，検討を進めるのが現実的である。

（5） 閉塞的・非建設的な議論に陥らないために（図・表4-6の18～20）

保育者同士が，たとえ熱心に語り合っても，議論が「袋小路」に迷い込んでしまうと，生産的な検討が進まなくなる。しかし，そうした「閉塞的な」思考のパターンを（図・表4-7），もし事前に知り自覚していれば，私たちはそれを回避することができる。そこで，以下の諸点に留意したい。

図・表4-7 保育カンファレンスが閉塞するパターン

- 間違ったことは言えない。発言はしたくない…。
- 担任の私ががんばらなくては！
- 正直,仕事に口出しされるのはイヤ
- そもそも誰のせいなんだ。
- 私達は専門家ではないから…。
- 私,○○君の担任ではないし…。
- まだ自分は新人だし,先輩に意見するのは…。
- 「………」

　まず第一に,「悪者探し」をしないことである。解決の糸口の見えない困難な状況を前にしたとき保育現場では,ともすると,「親のせいで……」と考えたり,「私の力不足なんだ」「私でいいのか？」と,M君担任のように自責の念を抱く保育者もいる（図・表4-2の22）。しかし,こうした思考のパターンは建設的ではなく非生産的である。なぜなら,否定的な側面のみに偏った見方や,偏った原因帰属,つまり責任や原因の所在を「誰か」「どこか」に短絡的に結びつけることで,支援のヒントやアイディアが発見される可能性が絶たれるからである（森,2010）。さらには,せっかく,カンファレンスを設定したにもかかわらず,「やっぱり,私たち（保育者）では,こういう（障害ある）子は難しいのよ」と,保育者集団の"志気"も低下しかねない。

　そして第二には,保育者間の「立場や経験の違い」を傍観の理由にしないことである。「自分はまだ新人だから,先輩に発言はできない」「他のクラスだから口出しできない」「もともと障害児の専門家ではないから」等々,もしこの種の"謙虚な逃亡"をしている自分に気づいたら,自らを戒め,「私はこう思う」とあえて勇気をもって話を切り出してみたい。

　どのような立場で働くにせよ,カンファレンスが最も生産的に機能するように,自ら主体的に考え,積極的に関与すること,これは,職業人としての当然

の責務である。それは，子どもの"最善の利益"を尊重するという理念を，日々の働き方の，具体的な水準で実現しようとすることにほかならない。

（6） 対話が活性化される様々な配慮・工夫（図・表4-6の1～26）

盛り上りは大切である。なぜならば，支援の手だて，ヒントやアイディアは，保育者同士のリアリティーある，言葉のキャッチボールの中から湧いてくるからである。そこで，そうした対話を「活性化」させる工夫が必要とされる。

活性化のためには，まず保育者が，「自分たちの言葉」で語ることを前提としたい。検討の対象が障害のある子どもだからといって，あえて「特別な用語」を多用する必要はない。次に，「語る」だけでなく「聴く」姿勢も重要である。カンファレンスの参加者は，お互いの発言に敬意を示し，傾聴することを忘れてはならない。よき"聴き手"は，よき"発言"を引き出してくれる。

そして，自分を縛る「固定観念」から自由になることだ。参加者が，「正解しか言えない」という考えに捕らわれていると活性化された対話は期待できない。既述のように，支援方法の検討は"仮説づくり"である。「～かも」などの"可能性"に基づく発言や提案は，むしろ貴重で歓迎されるべきである。

さらに大切なことは，保育者同士が「批判や指摘」に慣れることである。もしあなたが，保育者としての仕事上のことで同僚の指摘を受けたとしたら，そのとき，次の諸点を想起して欲しい。①指摘や批判は，「能力や人格の否定」とは全く「別物」である。②それはプロの職業人同士の成熟した関係を反映している可能性がある。③ゆえに，"だめ出し"をされたのではなく，働く仲間として正しく対峙し，認められているのだ，ということをである。

このように，参加者が発言しやすい条件を整えることが，対話の活性化とカンファレンスの生産性につながる。間口は広く，敷居は低く，しかし奥行きは深い…。そんな実りあるカンファレンスを実現したいものである。

（7） 保育者の主体性を大切に──皆が役割を担う──（図・表4-6の27～34）

参加者一人ひとりの主体性が，カンファレンスの生産性を左右する。そこで保育者には，園内のベテランや外部の専門家に依存するのではなく，"自分たちの"実践と日常のなかに，自ら対象児の支援のヒントを発見しようとする積

極的姿勢が求められる。しかし，ただ「主体性と積極性を！」と言われただけでは，カンファレンスに"どう入ればいいのか"と躊躇する保育者もいるであろう。そこでキーワードとなるのが「役割」である。

カンファレンスで必要とされる「役割」を以下のように整理した。これを知ることで（経験年数や立場にかかわりなく），すべての参加者に，カンファレンスへの自覚的・主体的な参加の可能性が開ける。

①コーディネーターとしての役割：カンファレンスの設定，日程や時間調整等のマネジメント。検討の対象児童のピックアップや，事前の記録の準備や整理への関与。巡回相談員等の外部の専門家がカンファレンスに参加する場合は，その連絡と調整を行う。

②検討を進行しモニターする役割（司会など）：司会進行と検討の経過の見守りを行う。話合いが論点から逸脱しないように留意する。必要に応じて，現在の論点の整理と確認，再確認を参加者の前で随時行う。（例：「○○先生，ちょっと待ってください。保護者の話はこのあとしますから，今は，友達関係の支援の手だてを，みんなで出し合ってみましょう」）

③ファシリテーターの役割：参加者間の対話と情報交換を促進するための「媒介者」としての機能を果たす。これには参加者への質問や投げかけ（ふり），意見や報告の促し，検討に役立つ情報や観点の提示等が含まれる。（例：「○○先生は，M君の昨年の担任でしたね。M君のトラブルの対応は，どんな点に気をつけていましたか？」）

④課題を提起する役割：支援にかかわる課題を提起する。保育現場が，「どうしよう？」という困り感を「どうしたら〜できるか？」という，建設的な課題意識まで高め，参加者が共有する上で重要な役割である。

⑤報告や情報提供の役割：検討に必要な情報を報告する（口頭や記録等）。カンファレンス参加者がより多面的でトータルな対象児の理解に至るため，クラス担任に限定せず，複数の保育者から多様な情報提供があることが好ましい（例：具体的なエピソード，取り組みの実例等）。

⑥支援方法等の提起：具体的な支援方法や手だてを，上記⑤の情報をふまえ，

あるいは自身の気づきや考えをもとに発想し，積極的に提起する。
⑦ **支持と評価**：カンファレンスの参加者は，他者の発言に「応答性」をもつことが不可欠である。⑥のように，同僚の保育者から提起された内容を聴き，その有用性や可能性，そして重要性に気づき認めたら，その場で指摘すること。(例：「私もそう思う！」「それ，すごく大切！」「その方法やってみては！」等)
⑧ **傾聴と共感**：同僚が自らの不安や焦燥感，葛藤等を語っている時は，相づちや視線や頷き（言語・非言語の双方）などの応答を用いて傾聴姿勢を示す。相手の努力にねぎらいの言葉をかけたり，子どもの成長をともに喜ぶ共感的姿勢も大切である。
⑨ **助言・アドバイス**：園長やベテラン，中堅等の保育者に期待される役割。ただし，ベテラン保育者の個人的回想や，トップダウン式の一方的指導は，カンファレンス参加者の主体性を削ぐことになりかねない。注意を要する。
⑩ **記録の筆記と整理係**：あまり多くの参加者がメモに専念してしまうと，それに気を奪われ対話が活性化しない。そこで，記録係を決めておくとよい。担任以外が好ましい。記録係にはa）カンファレンスの内容筆記，b）カンファレンスの終了間際の「要約」の読み上げ，c）当日の欠席者のために後日閲覧できるよう，記録をファイリングする等の仕事がある。

5　一人の支援を考え続ける営みは"保育実践の原点"

　保育巡回相談に関与してきた筆者の経験では，カンファレンスに参加した保育者の多くが，次のような気づきに至る。「これは○○君だけではなく，うちの園のすべての子どもに必要なことなのよ！」と（図・表4-6の35～36）。
　たとえば，今回登場してくれたM君の場合，個別の指導計画の検討では，肯定される体験，達成と成功の体験が重視され，本人の自信につながる取り組みや手だてが工夫された。しかし，「誰かから大切にされ，認められ，自分の大切さを知る」体験は，M君のみならず"すべて"の子どもに不可欠である。

そのことを，私たちは改めて認識させられる。

このように，個別の指導計画も保育カンファレンスも，一人ひとりの特別なニーズを扱いながらも，実は，「保育実践の原点」に私たちを立ち返らせてくれる貴重な機会なのである。"一人を大切に考える"，その地道な営みが保育現場にある限り，子どもたちも，保育者も保育園も成長し続けることであろう。

（森　正樹）

演習問題

A. 日々の保育実践で，障害のある子どもを支援するため，保育者は支援の仮説をどのように作成し，実行し，そして検証すべきか，その概要とプロセスをまとめてみよう。

B. 行動や情動のコントロールに困難のある子どもや，社会性や対人関係に困難を抱えている子どもの，「自己肯定感」や「自己効力感」を低下させないため，保育者は子どもや家族との「日頃のコミュニケーション」において，どのような点に配慮すべきか，その具体的な配慮事項を列挙してみよう。

C. 障害のある子どもたちへの，日々の実践と支援の質，そして効果性を高めていくため，保育者にはどのような「情報活用のスキル」が求められるのか，考えてみよう。

5章 保護者支援の実際

　保護者支援においては，保護者の悩みに寄り添いながら，共感的に理解していく受容的な態度に基づいて保護者を支援していく姿勢が基本となる。しかし，障害のある子どもに対する援助の視点や基本姿勢についても伝える必要があるため，障害の表面的理解でなく，具体的で実際的な相談援助となるように，子どもの発達や障害特性を踏まえた支援が重要である。

　そのため，本章では，子どもの成長・発達に応じた保護者支援とは，どのようなもので，親の子どもへのかかわりや親子関係は，適切な療育支援により，どのように変容していくのかを取り上げる。

　また，子どもと親を取り巻く社会環境との接点にアプローチする，ソーシャルワークについても考えていく。

1 子どもの育ちを中心に置いた保護者支援

1．障害のある子どもと保護者へのインテーク事例

　保育所3歳児クラスに在籍していた自閉症のA君の保護者への支援事例を通して，子どもの成長・発達に応じた保護者支援の実際について考えていく。

〈事 例 5-1〉

　A君には発語がほとんどなく言葉の遅れがあり，寝転がってはよく天井を眺めていることがあった。また，嫌なことや思い通りにいかないことがあると泣いて駄々をこねて抵抗をしたり，床や壁に何度も頭を打ちつけるなどの行動

を繰り返す姿が見受けられた。そこで，親や担任の先生は「頭をゴンゴンすると痛いよ」と言って怪我をする前に止めていた。

さらに，Ａ君はしばしば水道の水を出しっ放しにすることがあり，水道の水を両手で受け，その手からこぼれ落ちる水を眺める行動を繰り返していた。同じ動作を繰り返すことは自閉症の特徴の一つであるが，親や担任の先生は実際にどのように対処していいかわからず苦慮しているとのことだった。

そこで，Ａ君の親や担任の先生から相談を受けたのが，子ども福祉の専門職で，三者で話し合いの場を設け，保護者支援にかかわっていくことになった。その経過を以下にみていく。

Ａ君と親へのインテーク[1]を実施したところ，親からの聞き取りと，Ａ君自身とのかかわりを経て，彼が絵本をとても好きなことがわかった。絵本を一緒に読むようになってわかったことだが，Ａ君の絵本を読む行動には一定のパターンがあった。

まず，気に入った絵本を手にして，親や保育士の膝の上に座り，大人たちの手に絵本を渡してはポンポンとその手をたたき，"読んでほしい"と合図をする。そして，パラパラとページをめくって一通り目を通してから，親や保育士に読むように要求するのである。そして読み聞かせが終わると，絵本を最初に戻して，自分で読み始めるのだった。

セッションでは，言葉がまだ出ないため文章を読むことはできなかったものの，絵本の中に出てくる感情的な文脈箇所を「うわーすごい」「さみしいね」などと感情を込めて読んだところ，それをまねして「うわー」「あー」などと読んでいた。

Ａ君とのセッションを展開していく際，家庭でＡ君から「絵本を読んでほしい」など求めてきたときには，できるかぎり対応してほしいと保護者へ協力を依頼した。その後，保護者とＡ君との関係もしだいに良好になってきて，こんなに変わるとは思わなかったと保護者から話があった。

1：インテーク（intake）とは，問題を抱えたクライエント（相談者）および相談に訪れた人と相談援助者との間で最初に行なわれる面接（受理面接）のことをいう。インテークにおいてはクライエントの主訴，生育歴，家庭環境，背景情報などの収集が行われるともに，相談援助関係の説明，同意，契約が交わされる。

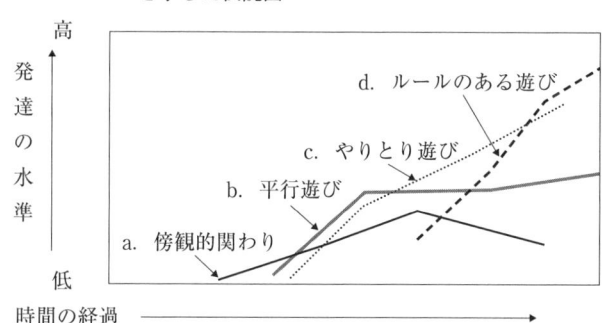

図・表 5-1 療育支援による親の子どもへのかかわり方の変化を示した仮説図

[図: 縦軸「発達の水準」(高〜低)、横軸「時間の経過」。a. 傍観的関わり、b. 平行遊び、c. やりとり遊び、d. ルールのある遊び]

(出典：Parten, M. B. Social Participation among Preschool Children. *Journal of Abnormal and Social Psychology*, 1932年, p.260を改変)

　また，普段は表情が変化しないA君が絵本を読んでくれるのを期待して笑顔で見つめてくれたことがとてもうれしかったと，セッション以降の感想があった。さらに，A君が得意なことや楽しんでいることに対しては共感して，一緒に遊ぶことの大切さを実感することもできたとのことだった。

2．障害のある子どもへのかかわりの発達プロセス

　自閉症など障害の特性，発達水準，個性などを体感し，理解と支援においては実感を伴った具体的で体験的なものが求められる。しかし，体験的なふれあいだけでは障害を深く理解することは困難である。保護者と保育士が子どもの成長・発達を促進するために，今何をすべきか目的意識をもって主体的に子どもへかかわる必要がある。

　障害のある子どもに対する援助の視点や基本姿勢について，保護者に伝える必要があるが，障害の表面的理解にとどまることのないようにすることが大切である。具体的，実際的な相談援助がなされるように保護者支援において，子どもの発達理論と障害の特性の学習を深めたうえで実践していくことが重要である。子どもの成長・発達に応じた保護者支援や適切な療育支援を行うことによって，親の子どもへのかかわりや親子遊びについて，図・表5-1のような変

化をたどるものと考えられる。

2 保護者が積極的に療育参加するために

1．障害受容の過程─支援事例─

　障害観の変化といった認識の変容，共同で療育することによる親子の一体化，子どもの代弁者として活動，社会への働きかけ，障害を受容していく悲嘆の過程，といったさまざまな視点から障害のある子どもの母親は積極的に療育および親の会へ参加する。そのプロセスについて統合的に検討し，保護者を支えていく取り組みが求められている。

　そこで，障害のある子どもの親がわが子の障害に気づいてから，障害児通園施設や療育センターにおける療育や親の会の活動などへ参加するまでの過程を，実際の相談援助実践（新川，2007）を通して，子どもと親を取り巻く社会環境とのかかわりについて考えていく。

〈事例　5-2〉
> 　軽度の発達の遅れがあるＢ君は生後11か月から療育施設に母子通園しており，3歳児クラスに在籍していた。
> 　Ｂ君の母親は保育士資格を取得し，職に就いており，自身の仕事と週２回の療育参加を両立させていた。
> 　またＢ君の両親は，療育施設における親の会の会長として活動し，障害のある子どもの問題を社会に伝えていた。親の会の活動を行うことにより，障害のある子どもの親支援を行った。

　これまでの療養への取り組みの印象的な出来事と福祉実践へのニーズ，子どもの将来の目標，身につけさせたいことと，それに向けての取り組みを中心として，障害の診断，療育への参加を通しての自己の体験に基づいた福祉ニーズ，価値観，心理状況も含めた幅広い内容についてＢ君の母親より聞き取りを

行った。以下では，療養参加と，受け止め方の変化の様相をとりあげる。

障害のある子どもをもつ親の障害受容プロセスに関する内容としては，療育開始当初と現在との変化について，B君の母親は自身の体験を振り返り，次のように語っている。療育や親の会へ入会し療育を開始した状況とその時の心境として，「何かしていないとだめになりそう」「(療育と親の会について) 教えてもらったことがありがたかった」「できることをやっていこう (療育に参加していこう) という気持ちになれた」という。

この事例は，ドローター (Drotar, 1975)，クラウス (Klaus, 1976) ほかによる悲嘆の過程でいう，ショック・否認・悲しみと怒りから適応へ移行するステージにあることがうかがえた (図・表5-2)。

2．障害受容と葛藤

療育開始当初との価値観や保育観，子育て観の変化があったことについては，B君の母親は，次のように語っている。「専門的療育よりも交流・統合保育を希望していたが，交流・統合保育がすべてではないことに気づいた」，「発達を考えると，まだ並行遊びの段階のため集団よりも個別に丁寧なかかわりを行うことが大切であると，考えるようになった」，また，療育の内容や療育の形態を保護者が選択する判断において，「子どもにとってよりよい選択を行いたい」とのことであった。

こうして子どもを中心に考えた子育て観へ転換していることがうかがえた。このようなことから障害を劣等ととらえない障害者観へと変化し，障害そのものや障害のある子どもをあるがままの姿を受け止め，子どもの成長とともに子どもの活動範囲を広げていくことや，子どもの立場に立って権利を追求するような価値の転換があった。これは要田 (1999) のいう，3つのステージにおける葛藤から受容，変革への移行と重なっていると思えた。

さらに，B君の母親は保育士資格を取得し，自身の仕事と療育参加を両立させていた。このことは藤原 (2002) のいう，障害のある子どもへのケアの特殊性から療育参加という母親の役割から解放するために，自発的にケア役割を分

散する取り組みの一面である。そしてB君と親への支援を考えると，子どもへのケアの親の役割と親自身の生き方の両面を理解して援助することの大切さを示唆する内容であった。

またB君の親は，療育施設における親の会の会長職にあり，障害のある子どもの代弁者としてその問題を社会に伝えていた。また，親の会の活動により障害のある子どもの親支援を行い，社会的にサポートしていく活動を担う一面も見受けられた。

障害の受容について現在の状況を振り返ったなかで，B君の母親は，「受け入れているとは言い切れない」「これは本当は一生かかっても受け入れきれるかどうかわからないし，それはいつも思うんですけどね」と語っている。このことは，望ましい親像と親の役割を含めた障害受容をクリティカルに見ることの必要性を示唆しており，障害の受け止め方は確かに変容していくものと思われるが，表面的なステージのみで解釈することには限界がある（夏堀，2003）。

3．障害児通園施設の療育と障害受容

基本的には障害の受け止め方は，療育への参加や療育関係者との活動，障害児の親の会の活動など，障害のある子どもの親の活動や参加と深くかかわることが多い。そのため，そうした活動のなかで，価値観の転換を含めた心理的社会的変化が生じることもある。しかし障害受容は，さまざまな心理社会的要因や人と環境との関係性から検討していく必要がある。

障害児通園施設における保育・療育活動では，障害のある子どもと母親や家族に対してキーパーソンおよび各専門職員からサービスが提供されている。母子通園であるがゆえに，同じクラスの母親との交流により互いに支えあう人間関係を構築することや，子どもの障害を前向きに受け止められるように価値転換を図ることが，母子通園による療育のよさである。

また，母親は療育に直接参加することで，障害のマイナス面のみでなくその子のよさに気づき，養育内容・方法に興味・関心をもち，かかわり方の大切さについても徐々に気づき始めるきっかけが得られる。養育に対して積極的で前

図・表5-2　障害のある子どもの親の反応を示す仮説図

(出典：Drotar, D., Baskiewicz, A., Iravin, N., Kennell, J. H. and Klaus, M. H. *Pediatrics* 56, 1975年, p.715を改変)

向きに取り組むよう母親を支援していくことは，障害のある子どもに対する間接的支援でもあることを理解しておきたい。

　障害のある子どもの親と障害受容や心理面の変化についてドローターほか（1975）は，先天奇形のある子の誕生に対する親の情動的反応の過程について仮説を立て，障害の受容過程を説明している。わが国においても障害受容に関する研究が進められ，三木（1969）は段階と領域を分けて障害のある子どもの親の心理について受容過程を示した。ドローターほかの障害ステージ理論による障害受容の過程は，図・表5-2のような経過を経て進むものと考えられている。

3　療育のキーパーソンによるソーシャルワーク

1．障害のある子どもと保護者へのソーシャルワーク

　就学前の障害のある子どもとその家族に対しては，障害児等通園施設における療育や保育所における統合保育等の福祉サービスが提供される。保護者に対しては，隔週で担当クラスの保育士などによる保護者支援を行う場が設定され，保護者への療育相談や助言を通して，心理的サポートが行われている。

　しかし保護者に対し，児童指導員，児童心理司，保健師，言語療法士などの各専門職からの定期的な支援があわせて行われることも少なくない。そのため，

担任保育士を含めた各専門職が保護者のニーズを的確に把握して，共通認識の基に支援を展開していく必要がある。

そこで，子どもと保護者の支援を計画的，系統的に展開していくために，各専門職それぞれの助言をまとめて保護者へフィードバックして，子どもと保護者と複数の専門職との間に生じる社会関係上の問題を修正，調整するといった，ソーシャルワークが必要になってくる。

次に，療育支援のキーパーソンとしての役割を担って担任保育士が，障害のある子どもとその家族へ援助したソーシャルワーク実践（新川，1999/2004）をみていく。

２．障害のある子どもと保護者へのソーシャルワーク実践事例

〈事例 5-3〉

> 障害のあるＣちゃん（4歳女児）とその母親は障害児通園施設に母子通園していた。Ｃちゃんは日常生活において固執性が強く対応に苦慮することが多く，多動で養育が難しいため，両親はＣちゃんのことで病院の外来相談を受けていた。
> その結果，Ｃちゃんは同年齢の他児と比べて発達が遅れていることがわかり，集団生活に慣れ社会性を養うため，3歳から障害児通園施設で週1回の臨時的な保育を受けていた。また，3歳4か月時に受けた児童相談所の検査結果では発達の遅れが認められ，医療機関における医学的所見および社会福祉事務所等における社会診断とあわせて療育の必要性が示された。そこで，Ｃちゃんは3歳6か月には障害児通園施設へと正式に措置され，感覚運動を重視した保育を週5回受けることとなった。

主訴は同年齢の他児と比べて社会性，数・言語の概念，運動面において遅れていることと，日常生活において固執性が強いことから癇癪を起こし，活動を中断してしまうことであった。そこで，両親は集団生活に慣れて，集団への適応能力を身につけることを要望していた。

障害児通園施設では，Ｃちゃんに対して感覚運動を重視した療育を行い，母親に対しては隔週で担当クラスの保育士が話し合いの場を設定し，母親への療

育相談，助言を通して心理社会的サポートを行った。また，心理判定員，保健師，言語療法士などの各専門職から定期的な支援がなされた。

担任を含めた各専門職は母親のパーソナリティーや潜在的可能性を尊重し，受容的かかわりをもつことを共通認識して支援した。また担任保育士は，Cちゃんと家族のキーパーソンとして各専門職それぞれの助言をまとめて母親にフィードバックを行い，本児と母親の主治医である先生との連絡調整も行った。

Cちゃんの療育に関する問題を解決するために，キーパーソンとして担任保育士が母親面談を行う際には，担任保育士と母親との間に**ラポール**[2]を構築することがまず大切である。母親の思いを受け止める姿勢で話を聞くことが重要で，決して母親の話を批判したり，否定することのないように努めねばならない。また，障害児通園施設における相談援助で，母親の抱えている問題が解決可能かどうか判断することも必要となる。

面談では，母親が具体的にどのような問題を抱えているか主訴を明確にするとともに，ニーズを明らかにしていく必要がある。また，母親の相談に乗るとともに，障害児通園施設における保育・療育内容をわかりやすく伝え，必要に応じて他の医療施設や相談機関等のサービス内容なども紹介することが望ましい。

面接で得られた情報と面接前から得ている背景情報，関係機関から得た情報などに基づいて，問題解決が可能な範囲および利用可能な社会資源の有無が検討される。また，収集した情報の内容を整理し，解決すべき課題とその原因について分析し，利用可能な制度やサービスといった社会資源を説明することが時折必要になってくる。

障害のある子どもの問題であっても，その原因が障害によるものか，母親のかかわり方によるものか，本児の問題によるものか，家族関係によるものか，

2：ラポール（ラポート，rapport）とは，援助者とクライエント（相談者）との間に形成される信頼関係のことであり，援助関係の基礎となる人間関係のことをいう。ラポールの形成においては，援助者がクライエントの話を傾聴し，共感的理解に基づいた態度で相談援助行う必要がある。

検討することが必要であり，母親の訴えが支援方法と異なってくる場合もある。

それゆえに療育内容・方法について，子どもと母親の状態により個別の計画を立てる必要がある。また保育士は，これら一連の**アセスメント**を通して得た情報を漏洩することがないように守秘する義務がある。

Cちゃんの場合，こだわりが強いことから癇癪を起こし，しばしば活動を中断してしまう問題を抱えていた。しかし，部分的な記憶力や特定の事物に強い興味関心を示す，といった特徴をもっていたため，感覚運動を重視した保育・療育活動に，Cちゃんの得意なことを生かした遊びを取り入れた保育・療育支援を個別に実施した。そして，十分に遊びを楽しんだところで段階的に新しいやりとり遊びを取り入れていった。

数十回のセッションを行ったところで，Cちゃんは新しいやりとり遊びに対しても柔軟に対応できるようになり，一定の成果がみられるようになった。保育・療育支援の直接的な成果だけでなく，日常生活場面においても癇癪や不適応行動は減少し，家庭でもこだわりによる癇癪が少なくなった。

以上のような相談援助によって，子どもと母親の抱えている課題が解決されたかどうか検討するとともに，その支援方法は適切であったか振り返る事後評価および点検は必要不可欠である。一定の成果を得て問題が解決された時点で，終結期を迎えることになる。

しかし，障害のある子どもの相談援助では，長い目で子どもと親や家族の未来像について語り合うことが大切である。1か月から数か月までの短期目標だけでなく，1年から数年までの中長期目標，さらに十数年後どのようなスキルを身につけ，どのような大人に成長してほしいかなど，長期にわたる目標までしっかり話し合うことが求められる。

また障害のある子どもとその家族は，社会福祉事務所以外においても，保健所等での乳幼児健診や医療機関等での外来相談，児童相談所や教育相談所等での療育相談をしばしば受けている。また，知的障害児施設や知的障害児通園施設等での**社会資源**を利用した福祉サービスも利用している。

障害のある子どもとその親への相談・支援等の福祉サービスは図・表5-3の

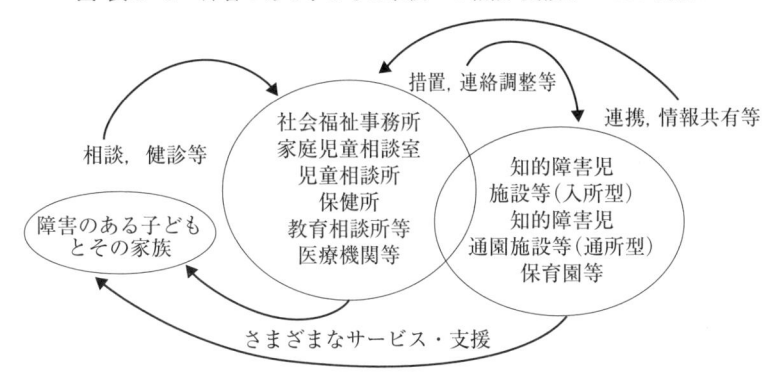

図・表5-3 障害のある子どもと家族への相談・支援サービスの流れ

図・表5-4 キーパーソン中心の福祉サービス提供システム関係図

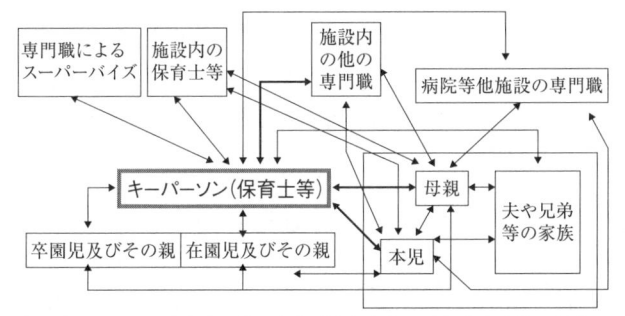

(図・表5-3,5-4出典:新川泰弘「障害をもつ子どもと家族に対する援助技術」横井一之,吉弘淳一編『保育ソーシャルカウンセリング―家族への援助』建帛社,2004年,p.88)

ような流れで実施されており,子どもと家族の置かれている環境を総合的に理解しておくことが重要である。

3. キーパーソンを中心としたソーシャルワーク

療育相談には,心理職により親子に対して行われる狭義のものから,ソーシャルワーカー,保健師,医師,保育士等によるもの,自助グループ,ボランティア,地域住民によるもの等,地域の社会資源を利用した広義のものまで,幅広く存在している。障害児通園施設等における療育相談活動では,主に保育

士や児童指導員等，障害のある子どもや家族と深くかかわる者がキーパーソンとしての役割を担うことがあり，他の専門職および関係諸機関と連携し共同で支援がなされる。

キーパーソンは，障害のある子どもと家族が療育に取り組む過程において，子どもへの直接的な保育・療育支援から子どもへの間接的な支援となる母親への面談や助言等まで，幅広く重要な役割を担うこととなる。

障害児療育システムが構築されている地域では，図・表5-4に示したようなキーパーソンを中心とした支援システムが整備されている。制度・システムを機能させるためにも，キーパーソンが各専門機関の職員と連携，協力して，福祉サービスを提供することが必要である。

しかし，まだ障害児療育，保育の制度化・システムづくりが十分整備されていない地方自治体および施設では，社会資源の整備として療育・保育システムおよび療育内容を充実させるとともに，専門スタッフを確保することが課題となっている。

4 協働ソーシャルワーク研修による保護者支援

障害のある子どもの親への相談援助として，組織レベルでソーシャルワーク実践研修を通し，組織全体で障害のある子どもの発達課題を把握し，保育・福祉実践にかかわる研究者・援助者が，その相談援助を保護者とともに取り組む動きもある。

次に，組織研修として障害児療育施設1園，保育所14園を擁する社会福祉法人内に組織されている障害児保育研究会主催の研究会会員11名（保育士，社会福祉士，看護師の職種で構成される）を対象として実施した研修概要（新川，2006）をみていく。

研修では最初に，援助が困難である出来事や本児の不適切な行動，本児の適切で好ましい行動，具体的に実現可能なソーシャルワーク実践に関する相談・援助の内容と方法など，本児の発達状況，障害特性などの情報から療育施設・

保育所での実践内容まで，幅広い情報収集を参加者全員で実施した。その結果，対象児の障害特性より保健医療専門職および保健・医療センターからの情報では，食事やカロリー摂取の過多による障害の状態の悪化を危惧する意見が得られ，体調を管理し，健康維持する支援計画が盛り込まれた。

また，福祉専門職からは現在の発達課題を明確にしたうえで，友達への自発的な要求伝達行動，相互交渉行動などを引き出す援助や社会性や対人関係面を育てていくことで，長所を活用し伸ばしていく。その方法を用いた支援を加える必要性を指摘する意見が出された。

そして，対人コミュニケーション場面での支援においては，行動レベルの把握だけでなく，行動の背景にある**環境要因**を探るため，行動上の特徴を機能的アセスメントの視点から，行動のきっかけと行動の動機や背景など環境因子まで含めて分析，検討していくことの必要性が指摘された。このように保健医療，福祉，保育，心理などの専門職が協力して保護者支援に向けた研修や協議を行うことも，保護者支援においては不可欠である。

またその際，障害のある子どもと親の抱える生活上の課題や問題，福祉ニーズに対して問題解決を図る援助も必要になる。さらに，本章の事例で取り上げたように，障害のある子どもと親が，潜在的にもっている力を引き出しながら，直面している生活上の問題を主体的に解決できるように援助し，生活の質を向上するよう援助することが大切である。

そこで，障害のある子どもの認知発達および行動面への分析的な心理教育的なアセスメントとともに，子どもと親を取り巻く環境との**交互作用**に着目した，包括的で総合的な視点を加えた生活状況を全体的に把握する**エコロジカルな視点**をもったソーシャルワーク実践が，今後より一層必要になってくる（Germain & Gitterman, 1996）。

（新川　泰弘）

演習問題

　　A．障害のある子どもへのかかわりの発達プロセスについて説明してみよう。

　　B．障害のある子どもの親の障害受容過程についてまとめてみよう。

　　C．障害のある子どもの保護者へのソーシャルワークを実践するキーパーソンの役割について論述してみよう。

6章 関係諸機関との連携

　障害のある子どもの保育を担当すると，関係機関との連携の必要性を感じることがある。それは，保育のなかで見られる子どもの様子をどのようにとらえたらよいのか，別の視点からの情報を要するときであろう。障害のある子どもにかかわる多様な関係機関からの情報が，丁寧に保育する基盤となる。そして関係機関がチームとなり，障害のある子どもの支援にあたることができる。

　本章では，なぜ連携が必要なのか，どのような関係機関があるのか，連携の前に準備すべきことは何か，他機関からの情報を保育に生かすときの心構えなどを述べる。保育所・幼稚園という立場から，障害のある子どもの保育を実践するうえでの連携のポイントを学んでもらいたい。

1 なぜ今「連携」が必要なのか？

1．「障害児保育」に関する近年の動向

　平成20（2008）年に告示された「保育所保育指針」と「幼稚園教育要領」では，障害児保育に関して「関係機関の連携」の重要性が強調されている（図・表6-1）。これを見ると，保育者は支援や指導の計画を作成する際に関係機関との連携を図ることが明記されており，必要に応じて専門機関から助言等を得ることが推奨されている。

　この背景には，発達障害者支援法（2005年4月から施行）や特別支援教育（2007年4月から実施）などによる近年の福祉的，教育的動向がある。これは，

図・表6-1 保育所保育指針，幼稚園教育要領の「関係機関の連携」箇所（抜粋）

保育所保育指針	幼稚園教育要領
第4章 保育の計画および評価 1．保育の計画 （三）指導計画の作成上，特に留意すべき事項	第3章 指導計画及び教育課程に係る教育時間の終了後等に行う教育活動などの留意事項 第1 指導計画の作成に当たっての留意事項 2．特に留意する事項
（ア）障害のある子どもの保育については，一人一人の子どもの発達過程や障害の状態を把握し，適切な環境の下で，障害のある子どもが他の子どもとの生活を通して共に成長できるよう，指導計画の中に位置付けること。また，子どもの状況に応じた保育を実施する観点から，家庭や関係機関と連携した支援のための計画を個別に作成するなど適切な対応を図ること。 （エ）専門機関との連携を図り，必要に応じて助言等を得ること。	（2）障害のある幼児の指導に当たっては，集団の中で生活することを通して全体的な発達を促していくことに配慮し，特別支援学校などの助言又は援助を活用しつつ，例えば指導についての計画又は家庭や医療，福祉などの業務を行う関係機関と連携した支援のための計画を個別に作成することなどにより，個々の幼児の障害の状態などに応じた指導内容や指導方法の工夫を計画的，組織的に行うこと。

（出典：厚生労働省「保育所保育指針」2008，文部科学省「幼稚園教育要領」2008，より抜粋）

障害のある子どもの支援にあたり，乳幼児期から就労までを通じて，障害のある子ども一人ひとりの教育的ニーズを把握し，それに応じた支援を実施していくという基本的方針からなっている。そのため，乳幼児期からの地域における発達支援のあり方が見直され，関係機関の連携体制や相談・支援体制の構築が進められている。

平成20（2008）年3月には，「新障害者基本計画及び重点施策実施5か年計画（新障害者プラン）」（2003年～2012年）を受けて作成された「障害のある子どものための地域における相談支援体制整備ガイドライン（試案）」が，文部科学省より公表された。これは，都道府県や市町村などの各地方自治体において，医療，保健，福祉，教育，労働等の関係部局・機関が一体となって，障害のある子どもやその保護者に対する一貫した相談・支援体制を整備することを目的としている。

障害のある子どもを長期的に支援していくためには，医療，保健，福祉，教育，労働等の連携が欠かせない。なぜなら，障害のある子どものライフステージに応じて，各関係機関の役割の重要度が変化するからである（図・表6-2）。

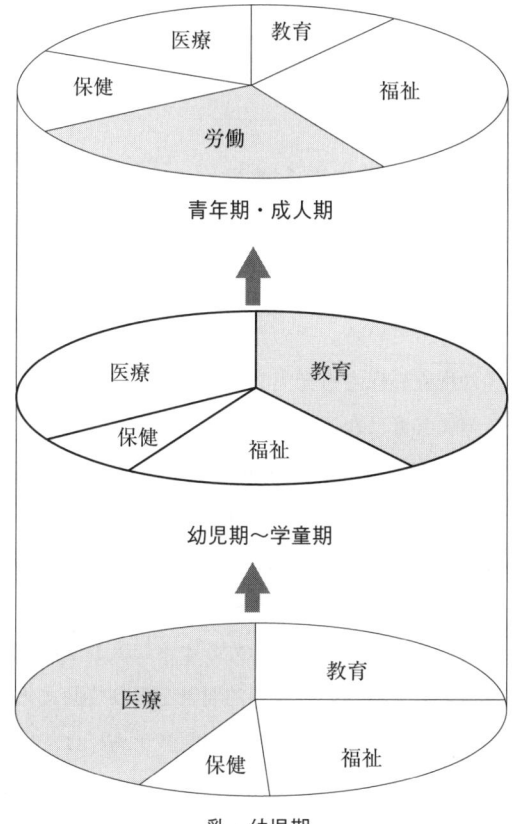

図・表6-2　ライフステージによる関係機関の重要度

（出典：無藤隆ほか（編著）『幼児期におけるLD・ADHD・高機能自閉症等の指導「気になる子」の保育と就学支援』東洋館出版，2005年，p.182を改変）

　乳幼児期では，医療的な支援が大きな割合を占め，ついで福祉，教育，保健となっている。それが，幼児期～学童期においては，教育の割合が大きくなり，青年期・成人期になると，労働の占める割合が最も大きくなる。保育所・幼稚園が担うのは，もちろん「教育」である。しかし，「教育」だけを考慮すればいいというわけではなく，障害のある子どものライフステージに応じて，他の

専門機関と連携を密にとることによって，全体的な支援を行うことが可能になる。今後，障害のある子どもを地域で支えるために，保育所・幼稚園においても，障害のある子どもを保育する機関の一員として，「連携」のあり方が一層問われてくるだろう。

2．障害のある子どもを取り巻く環境

　連携はいうまでもなく，障害のある子どものために行われるものである。障害のある子どもの周辺にある環境は保育所・幼稚園だけではなく多岐に渡っており，相互に影響し合っている。そのため，そういうものをすべて包括してみないと，保育所・幼稚園の保育も充実しない。

　これを説明するのに参考になるモデルが図・表6-3である。石川（2008）は，ブロンフェンブレンナー（Bronfenbrenner, 1979）が示した生態学的モデルを使用し，障害のある子どもの生態学的環境を提示した。ブロンフェンブレンナー（Bronfenbrenner, U.）は個人を取り巻く環境を，マイクロシステム，メゾシステム，エクソシステム，マクロシステムの4つの水準に分類し，それらがロシアの郷土玩具であるマトリョーシカのように入れ子構造を成しているとした。それに，共同体の発達という時間的要素を入れて図式化している。

　子どもが直接体験する環境であるマイクロシステムには，保育所，幼稚園，家族，通園施設などが挙げられる。そのマイクロシステム間のつながりを表す環境がメゾシステムである。エクソシステムには，親と親の会社の人間関係，保育者と養護学校の教員との人間関係など，子どもに間接的に影響を与えるような環境が入る。マクロシステムには，国の制度改革など日本の文化や社会制度のように，4つの水準の環境に統一性や一貫性を生じさせる情報が含まれている。この4つの各システムは相互に影響し合っている。

　たとえば，学校教育法が変わり，特別支援学校が地域の特別支援教育のセンター的役割に位置づけられるようになると（マクロシステム），保育者と特別支援学校の教員のかかわりが増え（エクソシステム），保育所・幼稚園と学校の連携・協力関係がより緊密になり（メゾシステム），保育所・幼稚園の保育

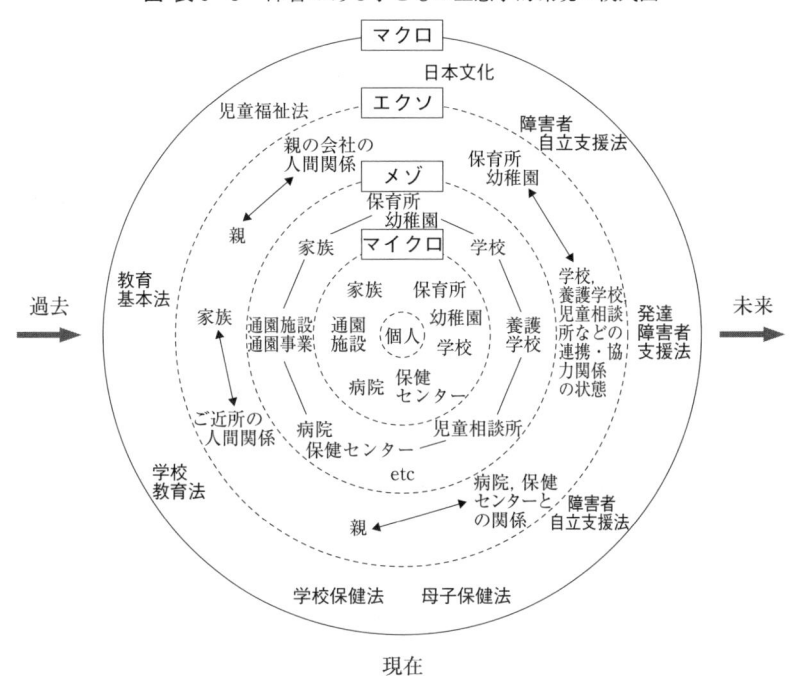

図・表 6-3　障害のある子どもの生態学的環境の模式図

（出典：本郷一夫編著『障害児保育シードブック』建帛社，2008年，p.138-151）

が充実して（マイクロシステム），障害のある子どもの発達に寄与するといったようなことが考えられる。つまり，どこかのシステムに変化が生じれば，その変化は他のシステムにも相互的に影響を及ぼすということである。

　障害のある子どもを取り巻く環境の変化は高速化してきている。制度の変化に加えて，現場で行われている保育・教育の状況なども大きく変わろうとしている。そのようななかで，保育所・幼稚園は，障害のある子どもを取り巻く多様な環境の一部となる。障害のある子どもの保育，そして保育全体をよりよく行うためには，子どもがさまざまな水準の環境から複雑に影響を受けることを考慮し，よりマクロな視点から「連携」の重要性を認識して，保育実践を考えていかなければならない。

2 障害のある子どものための関係機関

1．関係機関の概要

(1) 保健センター

　保健センターでは，母子保健法の第12条及び第13条の規定に基づいて，乳幼児健康診査を行っている。乳幼児健康診査は，通常は生後4か月，1歳6か月，3歳に行われるが，地域によって異なる。この健康診査では，子どもの成長の程度や歯科検診，内科検診などによる子どもの発育状態が評価される。

　また，4か月健診では運動発達を中心に，1歳6か月健診や3歳児健診では言葉や認知発達を中心にして，障害の早期発見・早期療育に努めている。健康診査後，障害の可能性がある子どもと保護者に対しては，発達や育児の相談，育児支援の場を設けるシステムが整備されている。

　保健センターの取り組みは，すでに子どもの障害がわかったうえで行うものではない。そのため，障害もしくはその可能性がある子どもが発見された場合，母子への支援が必要になる。保護者が障害を理解し受容できるようにし，子どもにかかわる他の施設・機関との連携を図ることも保健センターの業務である。

　保育所・幼稚園においては，保健センターとの連携にあたって，保護者も含めた3者間で調整をすることが必要になるだろう。障害の発見にかかわるため，保護者の情緒的支援も含めつつ，どのように保育を行っていくのか共に考える姿勢が求められる。

(2) 通園施設

　障害のある子どもは，自立した生活を送るのに必要な生活スキルを身につけるために，通園施設にも通っている場合が多く見られる。通園施設の設置主体は，都道府県，市町村，社会福祉法人等で，知的障害児通園施設，難聴幼児通園施設，肢体不自由児通園施設がある。知的障害児通園施設では生活指導，遊び，感覚・運動機能訓練など，難聴幼児通園施設では聴能訓練や言語訓練，肢

図・表6-4　通園施設の概要

施設名称	施設の対象者，目的
知的障害児通園施設	知的障害のある児童が日々保護者のもとから通所し，保護を受けるとともに，日常生活の自立に向けた指導を受ける。
難聴幼児通園施設	難聴の幼児が通所し，機能訓練や日常生活の自立に向けた指導・訓練を受ける。また，保護者に対して家庭での指導訓練の技術等について指導する。
肢体不自由児通園施設	肢体不自由のある児童が日々保護者のもとから通所し，治療を受けるとともに，日常生活の自立に向けた指導・訓練を受ける。
心身障害児総合通園センター	心身障害児の相談・指導・診断・検査・判定等を行い，障害に応じた療育訓練等を円滑に行う。肢体不自由児通園施設，知的障害児通園施設および難聴幼児通園施設のうち2種類以上を設置することになっている。

（出典：厚生統計協会編『国民の福祉の動向2007年』p.291-292を改変）

体不自由児通園施設では上肢，下肢，体幹の機能に障害のある子どもを対象に機能訓練を行っている。

さらに，政令指定都市や人口20万人以上の都市には，心身障害児総合通園センターが設置されており，障害のある子どもの早期発見・早期療育を目的に障害に応じた療育訓練が行われている（図・表6-4）。

また，児童福祉法により規定されている児童デイサービス事業（障害児通園事業）では，市町村が地域に通園の場を設けて，在宅の子どもへの指導が行われている。これは，障害の種別を問わず，通園による指導になじむ就学前の障害のある子どもを原則としているが，小学校から18歳未満の児童も利用可能で柔軟的に対応されている。

児童デイサービス事業のニーズは高く，年々利用者が増加している。指導は，日常生活における基本的動作の習得や集団生活の適応を目的として行われている。また，子どもだけでなく保護者支援も同時に行い，家庭との連携のもとで指導を行っている。

障害児通園施設や障害児通園事業では，小集団での指導により，個々の子どもに配慮したきめ細やかな支援が行われている。保護者の中には，これらの施設で身につけた生活スキルをより大きな子ども集団の中で生かす場として，保

図・表6-5　児童相談所の障害相談業務について

(ア)	障害相談は医師の診断を基礎として展開されることが考えられるが，生育歴，周産期の状況，家族歴，身体の状況，精神発達の状況や情緒の状態，保護者や子どもの所属する集団の状況等について調査・診断・判定をし，必要な援助に結びつける。
(イ)	専門的な医学的治療が必要な場合には，医療機関等にあっせんするとともに，その後においても相互の連携に留意する。
(ウ)	また，子どものみならず，子どもを含む家族全体及び子どもの所属集団に対する相談援助もあわせて考える。

(出典：厚生労働省「児童相談所運営指針」2007より)

育所・幼稚園を位置づけている場合も見られる。保護者の意向に沿いつつ連携を図り，保育的配慮を行う必要があるだろう。

(3) 児童相談所

児童相談所は，児童福祉法に基づく行政機関で，各都道府県および政令指定都市に設置が義務づけられている。2007年4月現在，全国に195か所の児童相談所が設置されている（平成19年度版厚生労働白書）。

児童相談所は，「市町村と適切な役割分担・連携を図りつつ，子どもに関する家庭その他からの相談に応じ，子どもが有する問題又は子どもの真のニーズ，子どもの置かれた環境の状況等を的確に捉え，個々の子どもや家庭に最も効果的な援助を行い，もって子どもの福祉を図るとともに，その権利を擁護することを主たる目的」としている（児童相談所運営指針より）。

児童相談所が受け付ける相談件数のうち約半数が障害相談で，その業務として3点ある（図・表6-5）。児童相談所は，発達の判定などの調査を通じて，子どもとその保護者への適切な援助につなげる役割を担う。また，保育所・幼稚園では，児童虐待防止法の第5条において，保育中のあらゆる機会に児童虐待の早期発見に努めなければならないことが明記されている。

近年，虐待に関する相談件数が増加している。保育者は，保育所・幼稚園が児童虐待を早期発見しやすい環境であることを自覚しておかなければならない。障害のある子どもの保育のみならず，児童相談所との連携体制をしっかりとと

図・表6-6　特別支援学校の目的と機能

学校教育法第72条	学校教育法第74条
特別支援学校は，視覚障害者，聴覚障害者，知的障害者，肢体不自由者又は病弱者（身体虚弱者を含む。以下同じ。）に対して，幼稚園，小学校，中学校又は高等学校に準ずる教育を施すとともに，障害による学習上又は生活上の困難を克服し自立を図るために必要な知識技能を授けることを目的とする。	特別支援学校においては，第72条に規定する目的を実現するための教育を行うほか，幼稚園，小学校，中学校，高等学校又は中等教育学校の要請に応じて，第81条第1項に規定（※）する幼児，児童又は生徒の教育に関し必要な助言又は援助を行うよう努めるものとする。

※知的障害者，肢体不自由者，身体虚弱者，弱視者，難聴者，教育上特別の支援を必要とする者
(出典：学校教育法「特別支援教育」より)

ることが大切である。

(4) 特別支援学校

　特別支援学校は，特別支援教育の実施に伴い，従来の盲・聾・養護学校を複数の障害種別に対応できるようにするために一本化されたものである。これは，平成18（2006）年6月に成立した学校教育法によって，平成19（2007）年4月より開始された。特別支援学校は，地域の実情に合わせて，対応する障害種別を設置者が定めることができる。また，地域の特別支援教育のセンター的機能として，幼稚園等の他の学校種の要請に応じて，助言・援助に努めることが求められている（図・表6-6）。

　特別支援学校は，地域における障害のある子どもの教育を支える中心となる機関である。これは，それまでに障害のある子どもの教育に関して蓄積してきたノウハウを幼稚園，小学校，中学校，高等学校，中等教育学校の教育にも活用するということを意味している。しかし，留意しなければならないのは，幼稚園等からの要請に応じて必要な助言・援助を行うということである。障害に関して知識等が必要なときには，特別支援学校への要請をするとよいだろう。

　特別支援学校との連携をとる際には，外部の関係機関との連絡調整役を担っている特別支援教育コーディネーターが窓口となる。特別支援学校において，誰がコーディネーターを務めているのかを確認しておき，日常的に連携をとれ

る体制を整備しておくことが大切である。

特別支援学校との連携を密にしておくと，障害のある子どもの保育に関して，地域での学校間ネットワークの構築にもつながり，ネットワークの一員として加わることができると思われる。

(5) 巡回相談

障害のある子どもの保育を進めるうえで，巡回相談はたいへん重要な役割を果たしている。巡回相談は，都道府県教育委員会や市町村教育委員会などが，障害のある子どもの教育に関する有識者を巡回相談員として委嘱し，相談員が要請に応じて各種学校の訪問，指導助言を行う。特別支援教育の実施以降，巡回相談の制度が整備され，利用も増加している。

図・表6-7は，巡回相談において，保育所・幼稚園が行う手順の一例を示したものである。相談の事前に園内で相談を受けるための話し合いをもち，合意形成をする。また，必要に応じて保護者から承諾を得て，依頼書を作成する。巡回相談が決定すると，保育者は巡回相談員から事前に子どもの情報を知るための児童票への記入が求められることがある。

その場合は，困っていることや子どもの得意なこと，仲のよい友達など，普段の対象児の様子を記入する。相談日には，事前に当日の保育内容を巡回相談員に伝えておき保育場面の観察をした後，カンファレンスを実施して，その後の対応を考える。

巡回相談員は，それまでに似たようなケースを多く見てきており，豊富な知識の中から指導助言を行う。しかし，実際に障害のある子どもの様子を観察するのは，当日だけであり，その意味では「点」でしか子どもを知りえない。保育者は，それまでの子どもの成長を「線」として知っている。そのため，双方の「点」と「線」を考慮して，子どもに応じた保育を共に考えることが大切である。

最近では，自治体によって巡回相談型健康診査（5歳児）が試みられている（石川，2008）。これは，発達障害者支援法第5条（市町村は，母子健康法第12条及び第13条に規定する健康診査を行うにあたり，発達障害の早期発見に十分

図・表6-7　巡回相談の手順

事前の準備	・園内で相談を受けることの合意形成を行う ・保護者の承諾を得る ・派遣依頼書を作成する ・児童票を記入する
当日	・当日の保育内容について説明する ・巡回相談員が保育場面の観察をする ・カンファレンスを行い，指導助言を受ける

(出典：石川由美子「関係機関との連携・協力のあり方」本郷一夫編『障害児保育シードブック』建帛社，2008年)

留意しなければならない）に基づき，3歳児健康診査までに発見が困難である発達障害の子どもを保育所・幼稚園などの集団生活の場で早期に発見し，適切な対応と二次的な不適応を予防することと保護者への支援を目的にしているものである。

巡回相談は，障害のある子どもを支える地域のリソースとして活用することで，多角的に子どもをとらえ，それまでとは違った視点から保育を行うことを可能にする。子どものニーズに応じて積極的に利用してもらいたい。

2．地域資源の活用

連携を効果的に進めるためには，保育者が障害のある子どもの支援に関する地域資源の情報をいかに収集し，活用するかが鍵になってくる。自分が勤める保育所・幼稚園の所在地，もしくは障害のある子どもの居住地におけるフォーマル，インフォーマルな地域資源を把握しておきたい。

上記の機関以外にも，子育て支援に関する行政サービス，医療機関，相談機関（公立・大学付設・民間の相談室など），子育て支援を進めるNPO団体，民生委員など，障害のある子どもと家族を地域で支える資源を確認しておく必要がある。

このような地域資源の情報は，必要に応じて保護者に伝えていく。その際，基礎的な情報に加えて，相談員の構成や予約の混み具合，実際の療育の方針な

どの情報もあわせて伝える。とくに民間の機関は，専門領域に得意分野がある場合があるので，留意しなければならない。保護者が十分に地域資源を活用できるようにするのも保育者の役割である。

3 ネットワークの一員としての保育所・幼稚園

1．障害のある子どもの発達支援システム

「新障害者基本計画及び重点施策実施5か年計画（新障害者プラン）」（2003年～2012年）の基本方針は，障害のある子ども一人ひとりのニーズに応じてきめ細やかな支援を行うために乳幼児期から学校卒業後まで一貫して計画的に教育や療育を行うことである。これを具体化するために，各地で障害のある子どものための発達支援システムが整備されている。

滋賀県湖南市では，子どもを起点に必要な支援が必要なときに受けられるように行政の連携システムが構築されている。このシステムは，「現在」の教育・保健・医療・福祉の横の連携と「過去から未来」の就学前から学齢期そして就労に至るまでの縦の連携の2つに分けられる。

支援は，子どものライフステージの中で支援していく必要があると考えられた段階から始められる。横の連携では，関係する諸機関が役割分担しながら，個別のサービス調整会議をもとに支援していく。縦の連携では，個別指導計画が就労に至るまで継続して作成，活用される。システム全体を統括する発達支援センターは，市長部局に設置されている。

藤井（2008）によると，乳幼児期においては，乳幼児健診で障害の発見がなされた場合，保健師・発達相談員・ことばの教室担当者などによる母子サービス調整会議で支援が検討される。そして，発達支援センター内に集団療育・個別療育・ことばの教室を設置し，個別指導計画に基づいて支援が開始される。

次なるステージの保育所・幼稚園に進むときは，療育機関での個別指導計画を引き継ぐ（図・表6-8）。そして，保育所・幼稚園では，保護者の聞き取り

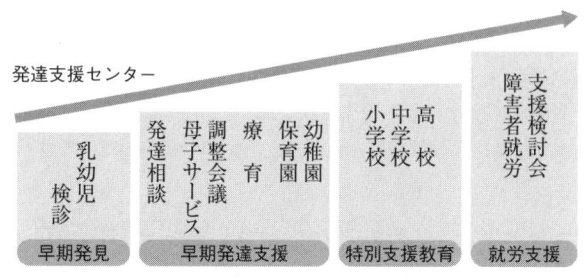

図・表6-8　滋賀県湖南市のライフステージにおける発達支援

発達支援センター

早期発見	早期発達支援	特別支援教育	就労支援
乳幼児検診	発達相談／母子サービス／調整会議／療育／保育園／幼稚園	小学校／中学校／高校	支援検討会／障害者就労

個別指導計画による一貫した支援

（出典：藤井茂樹「育ちによりそう就学支援」七木田敦・安井友康編著『事例で学び，実践にいかす障害者福祉』保育出版社，2008年，p.48）

を行い，園の保育者だけでなく，発達相談員や保健師，発達支援センター担当者も加わり，行動観察などから個別指導計画を作成するようになっている。

　このように，この発達支援システムは，子どもに対して適切な支援を行うために，「過去」に子どもが受けてきた支援や習得してきたことを振り返り，「現在」の子どものニーズを把握して支援を実践し，「未来」の子どもに継続されていくものである。これを可能にするために，子どものライフステージに応じて，関係機関間の横の連携と縦の連携の充実が不可欠になるのである。

　保育所・幼稚園は，「現在」だけでなく，「過去」や「未来」を考慮して，保育を行わなければならない。子どもが卒園したらそれで終わりではなく，保育者も後々まで支援にかかわっていくのである。保育者は，子どもに対して保育で行ってきたことを次のステージの諸学校に説明していくことが求められる。

2．関係機関との連携の視点 ─「パースペクティブ」と「ベクトル」─

　「連携」のためのシステムが整備されてきているが，保育所・幼稚園では，他の機関からの情報をどのように理解し，保育に生かせばよいのだろうか。その心構えを理解するために，まずは，「連携」に関する保育者の悩みを紹介したい。

〈事例 6-1〉
「2歳児の担任をしていますが,さまざまな場面でこだわりをもって切り替えがしにくい園児が数人います。子どもたちの様子について,他の保育士と相談したりしますが,意見が異なり,どうしたらいいかと悩んでいます」

〈事例 6-2〉
「4歳児の担任で,うちの園(保育園)と通園施設に通っている聴覚障害の子を担当しています。通園施設での指導を参考に保育したいと思い,連絡をとって意見を聞いたのですが,保育園ではできそうもない指導方法でした。でも,専門家の意見なので,できるところを取り入れようと思っているのですが,どうしたらいいでしょうか?」

この2つの事例は,いずれも連携がうまくいかないことに関する悩みである。事例6-1は,障害のある子どもにかかわる別の保育者との連携である。事例6-2は,障害のある子どもにかかわる別の機関との連携である。このような意見の相違は,「パースペクティブ」の違いと「ベクトル」の違いにより生じるものと考えられる。

事例6-1(パースペクティブの違い)は,子どもを見る方向としては相違ないが,子どもの見方が異なっている(図・表6-9)。事例6-2(ベクトルの違い)は,子どもを保育園という方向から見た場合と,通園施設という方向から見た場合の違いが,意見の相違となっている(図・表6-10)。

「パースペクティブ」の違いから生まれる意見の相違は,それまでの保育経験により培われた保育観の違いからくるものである。たとえ同施設で指導理念も同じ,専門領域も同じであっても,それまでにかかわってきた子どもから得たことというのは,一人ひとりの保育者によって異なる。

「ベクトル」の違いについては,大抵の子どもが,環境や接する人の違いに応じて,保育園と通園施設では異なる行動を見せるために生まれる。また,保育園と通園施設のように,機関が異なれば各施設の指導理念も異なり,指導している者の専門領域にも違いがある。そのような機関の属性が異なることによ

図・表6-9 「パースペクティブ」の違い)

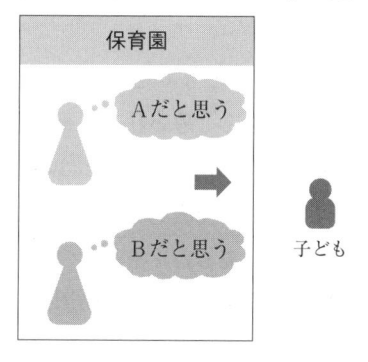

図・表6-10 「ベクトル」の違い

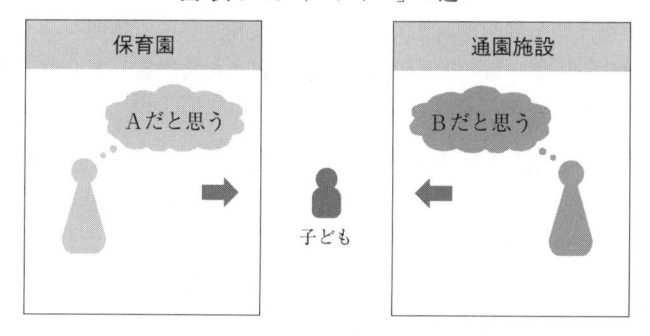

り，子どもに対する印象のもち方にも相違が生まれると考えられる。

「連携」においては，「パースペクティブ」の違いと「ベクトル」の違いを考慮しなければならない。たとえば，事例6-1の場合，保育園という組織として指導方針がぶれないように保育者間で指導に一貫性を持たせることが必要になる。「A先生は許してくれたことが，B先生は許してくれなかった」となると，子どもは混乱する。

そのため，ロボットのようにすべてを全く同じ対応にする必要はないが，子どもの問題行動への対応などでは一貫した対応をするほうが望ましいと思われる。この一貫性をもたせるのに有効なのが保育カンファレンスである（4章にて詳述）。このような「パースペクティブ」の違いに対しては，共通の子ども

の事例をもとに，それぞれの保育者が意見を出し合って協議することが必要になるだろう。

　一方で，事例6-2の場合は，子どもを見ている場所が異なるのに同じ指導方針を取り入れることに無理があると思われる。通園施設では適切とされる指導方針が，保育園においても適切な指導であるとはいえない。通園施設の指導方法を取り入れても，保育のよさが消失されてしまっては元も子もない。この場合，保育園とは異なる場所から見ると，子どもの違う側面が見えるという事実を「一情報」として咀嚼(そしゃく)し，自らの保育に生かすことを考えるべきである。

　「『障害の専門家が言うことだから，きっと正しい』と丸飲みするのではなく，『施設が違うし，参考にならない』と受け流すのでもなく，『ベクトル』の違いが前提にあることを念頭に，子どもの全体像を知るための情報として理解する姿勢が必要になってくる。」そのうえで，**子どもの専門家**として，保育的対応を考えてもらいたい。

　障害のある子どもにかかわる関係機関の連携では，「ベクトル」の違いが前提にある。そこに，「パースペクティブ」の違いまでもが加わってしまうと保育所・幼稚園としての保育的対応に混乱が生じてしまう。

　そのため，関係機関との連携を図るうえでは，まず「パースペクティブ」の違いを協議して，保育園としての指導方針にある程度の共通理解をもたせておき，次に，「ベクトル」の違う他の機関からの情報をもとに，保育を修正するという手続きで進めると望ましい保育的対応に近づけることができるだろう。

3．「保育的対応」の効果

　他機関との連携では，情報を参考に保育的対応をベースにするのが望ましいと述べた。とはいえ，障害の専門家が言うことには説得力があり，子どもにとっては，やはり専門的な対応がよいように聞こえるものである。しかし，保育の環境の中で保育的対応をすることが，障害のある子どもの発達によいことがある。これは，障害の専門的な知識に基づいた指導を系統的に行う専門的な働きかけよりも，自然な子ども集団の中で学ぶことの効果を重視しようとする

考え方である。

　渡部（2001）は，自閉症の子どもの学習を例に挙げ，状況的学習論の立場からこれを説明した。自閉症の子どもが「踊り」の練習をする場面で，「保育者と1対1で踊りの指導を受ける」指導と「子ども集団の中にまじって練習をする」指導を比較し，子どもが踊りを覚えるのに効果的なのはどちらの指導かを考察している。

　前者のように，1対1で「体の動かし方」「手足の動かし方」を一つひとつスモールステップで系統的に教えることは，障害のある子どもに対する専門的な対応である。しかし，これは「保育者の教え方」をどう考えるかを対応のベースにしており，「子どもの学び方」には視点がない。状況的学習論では，子どもがいる状況に学習の機会が埋め込まれているかを考慮する。

　後者のように，子ども集団の一員として「その場にいて楽しい」と子どもが思っている場合，それだけで子どもの学習は生じるものである。なぜなら，「一緒にいて楽しい」と思えるような人間関係のある子ども集団では，意欲的なコミュニケーションが成立しているからである。このように，子どもたち各々が『楽しい』『心地よい』という心理状態で結びついた共同体の中に参加することにより，効果的な学習は成立するのである。

　後者の考え方は，まさに「保育的対応」の典型だと思われる。つまり，障害のある子どもに対して，「正しい」（とされる）専門的対応をしなくとも，日頃の保育を丁寧に行うだけで子どもにとって「よいこと」になる場合があるということである。「正しい」ことが必ずしも「よいこと」を生むとは限らないのである。

　筆者も似たような状況に出合ったことがある（松井，2005）。自閉症のAちゃんは入園当初から，集団活動が苦手で参加しなかった。保育者は，一日のスケジュールを視覚的に示すなどの専門的な対応をしたが，効果はなく困っていた。しかし，ある日偶然クラスでAちゃんのお気に入りの「山の音楽家」を歌ったとき，Aちゃんは参加しないまでも，クラスの部屋にとどまっていた。これを見た保育者は，その後数日間同じ歌をクラス全員で歌うことにした。

写真6-1　Aちゃんの手遊び歌場面

　すると，数日後突然Aちゃんは，みんなと一緒に椅子に座り歌に合わせて手遊びをするようになったのである（写真6-1）。これをきっかけにAちゃんは他の集団活動にも参加するようになった。おそらく，Aちゃんは最初お気に入りの歌という「楽しい活動」に興味をひかれたのだと思われる。そこから「楽しい集団」に自分もいることの喜びを感じて，集団活動へ参加するようになったのである。その結果，Aちゃんと他者とのコミュニケーション機会は飛躍的に増大した。Aちゃんは，子ども集団の中で他者とのかかわりを経験し，その後は自ら他者とコミュニケーションをとるように変わっていった。
　関係機関との連携により得られる情報はいうまでもなく貴重なものである。しかし，保育者は，あくまで「子どもの専門家」という自信を持って，普段の保育を丁寧に見直し，子どもにとって「ともにいることが楽しい」と感じられる集団の形成に努めることを基本に考えるべきだと思われる。

4 「連携」を進めるために

1．園内での連携体制のポイント

　外部の関係機関と連携する際，内部での「パースペクティブ」の違いを共通理解するために情報整理が大切になる。以下の事例から，園内で準備すべきポイントを整理したいと思う。

〈事　例　6-3〉

　　幼稚園に在籍するA君は，広汎性発達障害の診断を受けており，集団の中では落ち着きがなく，クラスメートを叩く，蹴るなどの行動をすることが多い子である。担任は対応に困り，**特別支援教育コーディネーター**（以下，コーディネーター）に相談した。コーディネーターは，全員の保育者を集めて**園内委員会**を開き，A君の事例について検討することにした。そして，園内委員会での担任からの事例報告と他の保育者の意見を参考に保育を行っていった。
　　その後，保護者の意向により，A君は通園施設との並行通園を行うことになった。担任は，コーディネーターを通じて通園施設への訪問を依頼し，通園施設でのA君の様子を観察した。通園施設の指導者との話では，A君の保育記録を含めた**サポートファイル**を見せ，これまでの幼稚園での取り組みについて説明した。この指導者には，幼稚園への訪問を依頼してA君の様子も見てもらい，連携して指導を行っている。
　　また，コーディネーターを通じて都道府県の巡回相談事業に依頼し，専門家の指導を受けている。巡回相談では，事前にA君の保育記録を伝えておく。当日は観察の後，カンファレンスを開き，指導助言を整理して，個別の指導計画の作成に生かした。この巡回相談は定期的に利用し，A君の育ちをともに確認している。

（1）　コーディネーターの存在

　外部の関係機関と連携する前に，園内でその子どもの様子を確認しておく必要がある。園内にコーディネーターがいる場合は，最初にコーディネーターに

対象の子どもについて説明する。いない場合は，管理職等に相談をして園の保育者をまとめてもらう。

コーディネーターは園内体制の整備におけるキーパーソンである。コーディネーターの役割としては，①障害のある子どもの観察とニーズの把握，②子どもの実態を踏まえた担任への支援，③保護者との連携，④園内委員会の運営，⑤巡回相談員への依頼，⑥関係機関の担当者との連絡・調整，の6つがある。

コーディネーターは，障害のある子どもの保育に関する助言や保護者との連携に協力する存在である。また，外部の関係機関と連携をとるときの窓口にもなるため，障害のある子どもがいる場合，日常的に情報交換をしておくと，直接的・間接的に支援を受けることができるだろう。

（2） **園内委員会**

園内委員会では複数の保育者が集まり，コーディネーターの運営のもと，障害のある子どもの課題整理と今後の保育について検討する（4章参照）。協議のポイントは図・表6-11のとおりである。

園内委員会は，障害のある子どもの保育を担任が一人で抱え込んでしまったり，一面的な理解からの支援になったりしないよう，園全体で保育に取り組むために必要になる。また，関係機関との連携において，園全体で共通理解をもって障害のある子どもの保育に取り組むことは，支援を単年で終わらせず継続的に行っていくうえで大切なことである。

（3） **サポートファイル**

障害のある子どもが，乳幼児期から就労までさまざまな機関から適切な支援を受けるためには，それまでの発達・教育に関する記録が重要な資料となる。サポートファイルとは，子どもとその保護者を取り巻く幼稚園や保育所，保健，福祉等の関係機関が，望ましい発達に向けた協働的な相談・療育支援をめざし，子どもの実態や目標，支援の方法など子どもに関する情報を共有するために作成される。

これは，子どもの成長の様子や各種記録を保管するもので，生育歴記録，療育機関記録，個別の指導計画，母子手帳入れ，医療受診歴，写真付きエピソー

図・表6-11　園内委員会

5W1H	目前の事例分析	過去の事例との比較	確認・決定すること
Who	誰が関わった相手は誰か	当事者は誰だったか相手がいたか同じ子か違う子か	子どもの背景情報：生育歴，課題の傾向，保護者の考え関わった相手の背景情報の整理
When	いつ	どんな時だったか	いつ課題が生じるかいつ保護者と話すか
Where	どこで	どんな場所だったか	どこで支援を行うか
What	何が起きたか	できごとの類似点，相違点	解決したいことは何か
	課題は何か	過去の事例を分析	どんな場面でどんな課題が生じているか，パターンを考える
Why	なぜ起こったか	どのような条件によって起きるか	原因となる条件を取り除くかなぜその支援が必要か
How	どのように引き起こされたか	その時はどう対応したか対応の方法による違いはあったか	どんな支援を行い，保護者にどのように理解をはかるか支援を展開するにあたって，周辺の子どもにどのように理解をはかるか

（出典：田中容子「協議のための5W1H」『特別支援教育コーディネーターに必要な知識と資質』児童心理61（12），金子書房，2008年，p.27-32を改変）

ド記録などがファイリングされている（恩田，2005）。

　保育所・幼稚園での記録も子どもの成長を示すうえで貴重な資料となるものである。写真付きでエピソードをつけるなど，視覚的に記録を残しておくことで，他の機関でも保育所・幼稚園での取り組みがイメージしやすくなると考えられる（写真6-2）。このファイルは保護者が管理し，支援を受ける機関に提示する形で活用される。

2．相手を知り，自分を知ること

　関係機関との連携の必要性はこれまで述べてきたとおりである。ただし，これからは，単に連携をするだけでなく，**連携の質**を高めることによって支援の

写真6-2　サポートファイルの表紙，目次，エピソード記録

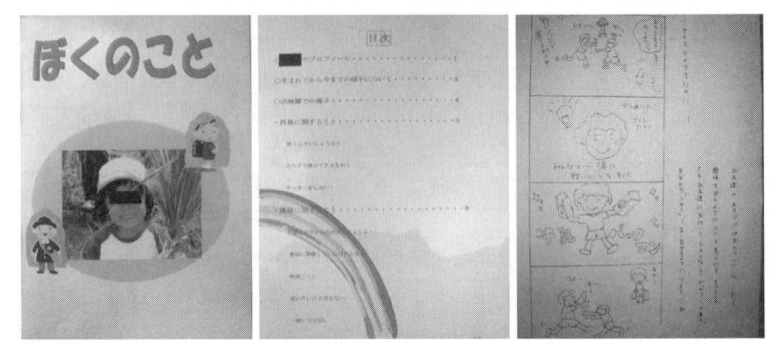

　質を高めることが求められる。連携の質を高めるためには，「相手は何ができるのか」を知り，「自分は何ができるのか」を伝えることが重要になってくる。
　「自分は何ができるのか」を知るためには，自分がこれまで行ってきた保育を振り返るしか方法はない。それを整理したものを積み重ねていくことで，障害のある子どもに対して保育のなかでできることが見えてくる。
　子どものニーズや保護者の要望は多様化しており，1つの機関だけで対応するのは困難になってきている。障害のある子どもの保育について，多機関の連携によるチームプレーをしていくことが求められる。チームの中で，相手は何ができ，自分は何ができるのか，自らの求められている役割を見極めるようにしなければならない。
　そのためには，まず自分ができることを知ることが大切である。自分を知るために，園内体制の充実と情報の整理が求められる。外部の関係機関との連携を進めていくうえで，園内体制が整備されないままだと，せっかく連携をしても不毛に時間を消費するだけになりかねない。関係機関との連携の基盤として，まず足元の園内体制を充実させることが大切なのである。

5　関係機関の連携と「地域で暮らす」障害児

1．「子育て」をベースに支援をする保育者

　障害のある子どものための発達支援システムが整備され，医療，保健，福祉，教育，労働等の関係機関の連携をもとに，チームを組んで支援する体制が多くの自治体でできてきている。これは，障害のある子どもが，健常児者と共に地域で暮らしていくために，将来的に自立し社会参加することができるような共生社会をつくることをめざしたものである。では，そのチームにおいて「保育」が果たすべき役割は何だろうか。

　障害のある子どもを支援するチームは，教員，研究者，保育者，医師，保健師，言語療法士，理学療法士，作業療法士，児童心理司，児童福祉司など，それぞれに高度な専門知識をもったメンバーによって構成されている。そのなかで，保育者はもっとも子どもやその家族の日常の生活に近い支援者として，「子育て」をベースに支援をしていく存在だと思われる。

　障害のある子どもをもつ保護者は，障害のない子どもをもつ保護者に比べて，「子育て」に悩みを抱えることが多く見られる。その理由の1つとして，「わが子に障害があるから子育てがつらいのではなく，支援や教育制度のあり方が子育てをつらいものにしている」という保護者の嘆きもある（海津，2008）。

　これは，障害のある子どもを「特別」な存在として扱うことに起因しているものである。つまり，行政的には，「障害のある子どもを育てることは，子育て支援の対象ではなく障害者施策の対象である」ということが，保護者を苦しめる側面を有しているということである。

　障害のある子どもとその家族に対して，手厚い支援が必要なのはいうまでもない。しかし，「障害」をベースにした特別で専門的な支援を受けることにより，普通の「子育て」から外された不安感を保護者にもたらすこともありうるのである。

だからこそ、保育者は、すべての子どもとその家族と同様に子育て支援をベースにして、障害のある子どもの保育のあり方を考えてほしい。そして、障害のある子どもを支えるチームの一員として、地域の「**子育て力**」を活用できるような役割を担うことが望まれる。

2．コミュニティ・ケアを進めるために

　障害のある子どもを地域で支えるコミュニティ・ケアを進めるためには、民生委員や児童委員、地域ボランティア、あるいは身近にいる友人の力などインフォーマルな人たちの支えが大きな力となる。そのような身近でインフォーマルな人間関係における複数の個人や集団の連携による支援体制のことを**ソーシャルサポートネットワーク**という。

　フォーマルな支援体制は、制度の変革とともに変わるものの、その時々には固定的なものである。しかし、ソーシャルサポートネットワークは、障害のある子どもの地域参加にともない、信頼できる他者が増えれば増えるほど、拡大していくものである。障害のある子どもが、学卒後も地域で就労し、生涯を暮らしていくことまでを見通せば、幼少期からのソーシャルサポートネットワークの充実が後々まで大きな資源となることが想像できよう。

　障害のある子どものソーシャルサポートネットワークを拡大するために保育者ができることは、直接的にはその子どもが地域の人々とかかわる機会を増やすこと、間接的には保育を通じて地域の人々に対して、障害の正しい理解と啓蒙、啓発を行うことなどが挙げられる。

　そして、保育者も障害のある子どもとその家族のソーシャルサポートネットワークの一員となり、卒園後も子どもの支援者としてかかわってもらいたい。

(松井　剛太)

演習問題

A. 現在の居住地域にある保育所・幼稚園に勤務していると仮定して，その地域において，障害のある子どもが利用できる関係機関にはどのようなものがあるのか，調べてみよう。

B. 担任をしているクラスに，自閉症のA君がいると仮定して，A.で調べた関係機関とどのように連携をとって支援をしていくか考えてみよう。また，効果的に連携をするために園内でできることは何か，考えてみよう

C. コミュニティ・ケアをめざすうえで「地域の子育て力」を高めるために，障害のある子どもの保育を地域に啓蒙・啓発していく取り組みとして，どのようなことが考えられるか，まとめてみよう

7章 就学に向けて

　本章では，障害のある幼児が保育所・幼稚園から小学校または特別支援学校小学部への就学に際して，必要な必須知識についての理解を深める。
　具体的には，就学に関する制度，就学指導委員会の役割，保護者への支援，小学校との連携，「個別の就学支援計画」の作成，就学後のフォローアップなどについて取り上げ，保護者が見通しをもち，安心してわが子を小学校等へ就学させられるように，支援することが求められている。
　今日，保護者一人ひとりの心情に寄り添い，早期からの一貫した就学相談や就学支援が求められていることを，理解することが重要である。

1　適正な就学に向けた指導

1．就学義務について

　学校教育法第17条により，保護者は，その保護する子女を，満6歳に達した日の翌日以後の最初の学年の初めから，満15歳に達した日の属する学年の終わりまでの9年間，小・中学校または特別支援学校の小学部・中学部に就学させる義務を負っている。この就学義務に関する必要な手続きは，学校教育法施行令に定められている。
　また，学校教育法第18条では，病弱，発育不完全その他やむを得ない事由のため就学困難と認められる児童生徒の保護者に対して，その保護者の願いにより就学義務を猶予または免除することができる旨の規定がなされている。しか

し，これは例外的な措置として扱われるべきものである。

2．就学に関する制度

(1) 就学基準について

　視覚障害者，聴覚障害者，知的障害者，肢体不自由者または病弱者（身体虚弱者を含む。以下同じ）で，学校教育法施行令第22条の3（図・表7-1）に規定する特別支援学校に就学させるべき障害の程度（以下「就学基準」）の児童生徒については，市町等教育委員会が障害の状態等に照らして，小学校または中学校において適切な教育を受けることができる特別な事情があると認める者を除き，特別支援学校において教育を受けることになる。

　なお，その障害の程度が就学基準に該当しない児童生徒については，特別支援学級等において教育するかまたは通常の学級において留意して指導することとなる。

(2) 認定就学者について

　市町等教育委員会が児童生徒の障害の程度のみならず，児童生徒の就学にかかわる諸事情を総合的に考慮し，就学基準に該当する程度の障害のある児童生徒のうち，小学校または中学校において適切な教育を受けることができる特別な事情があると認める者（以下「認定就学者」）については，小・中学校に就学させることができる。

　認定就学者の認定にあたって，以下のことに留意して適切に判断する必要がある。たとえば，①スロープやエレベーター等の施設の整備状況，②障害のある児童生徒の学習活動をサポートする学習機器等の設置状況，③障害のある児童生徒の教育に関する専門性の高い教員の配置状況，④登下校時の安全性，等が考えられる。

3．専門家からの意見聴取

　児童生徒が就学基準に該当するか否かを判断するうえで，専門的知見に基づいた客観的な判断が確保されるように，市町等教育委員会において，障害の種

図・表7-1　学校教育法施行令

第22条の3　法第75条の政令で定める視覚障害者，聴覚障害者，知的障害者，肢体不自由者又は病弱者の障害の程度は，次の表に掲げるとおりとする。

区　分	障　害　の　程　度
視覚障害者	両眼の視力がおおむね0.3未満のもの又は視力以外の視機能障害が高度のもののうち，拡大鏡等の使用によっても通常の文字，図形等の視覚による認識が不可能又は著しく困難な程度のもの
聴覚障害者	両耳の聴力レベルがおおむね60デシベル以上のもののうち，補聴器等の使用によっても通常の話声を解することが不可能又は著しく困難な程度のもの
知的障害者	一　知的発達の遅滞があり，他人との意思疎通が困難で日常生活を営むのに頻繁に援助を必要とする程度のもの 二　知的発達の遅滞の程度が前号に掲げる程度に達しないもののうち，社会生活への適応が著しく困難なもの
肢体不自由者	一　肢体不自由の状態が補装具の使用によっても歩行，筆記等日常生活における基本的な動作が不可能又は困難な程度のもの 二　肢体不自由の状態が前号に掲げる程度に達しないもののうち，常時の医学的観察指導を必要とする程度のもの
病弱者	一　慢性の呼吸器疾患，腎臓疾患及び神経疾患，悪性新生物その他の疾患の状態が継続して医療又は生活規制を必要とする程度のもの 二　身体虚弱の状態が継続して生活規制を必要とする程度のもの

備考
一　視力の測定は，万国式視力表によるものとし，屈折異常があるものについては，矯正視力によって測定する。
二　聴力の測定は，日本工業規格によるオージオメータによる。

（出典：文部科学省「学校教育法施行令」より）

類，程度等の判断について，専門的立場から調査・審議するための機関（以下「就学指導委員会」）を設置することにより，児童生徒一人ひとりの障害の状態を詳細に把握し，慎重に判断を行うこととされている。

とくに，就学手続きにおいて，認定就学者については小・中学校へ就学させることとしているが，障害のある児童生徒一人ひとりの障害の状態を専門的見地から正確に評価することが重要である。

4．就学指導を行ううえでの配慮事項

(1) 障害の種類および程度等に応じた就学

　障害のある児童生徒のうち，特別支援学校に就学させるべき児童生徒の障害の程度については，学校教育法施行令第22条の3に規定されている（図・表7-1）。また，小・中学校の特別支援学級において教育する場合の教育対象となる障害の程度については，平成14年5月27日付の文初特第291号通知によって示されている。

　このような障害の程度の判断や就学する学校等の決定にあたっては，教育相談等を通じ保護者や本人の意向も聞いたうえで総合的かつ慎重に行い，その適正を期すことがとくに重要である。

(2) 就学指導委員会の役割

　都道府県および市町等の条例，教育委員会規則等により就学指導委員会を設置する場合には，障害のある児童生徒について，その障害の種類，程度等の的確な判断を行うために必要な各分野の専門家により構成することが大切である。

　障害の種類，程度の判断は，教育学，医学，心理学等の観点から総合的に行われるべきものであり，審議にあたっては，医学的な診断結果に基づく資料だけでなく心理学的な諸検査の結果や心身の発達状態，生活や行動の特性を示す情報等に基づき適切に判断する必要がある。

　障害のある幼児児童生徒の適正な就学に向けて，各都道府県および市町等の教育委員会に，就学指導委員会が設置されている。市町等の就学指導委員会の構成メンバーは，一般に，事務局である学校教育課の職員，医師（小児科医・精神科医），児童相談所の職員，小学校長，小学校の特別支援学級教師，特別支援学校教師，などからなる。

　そして，都道府県立特別支援学校への就学対象児は，市町等教育委員会から都道府県教育委員会の就学指導委員会にあげて，そこで審議・判定される。また市町等の小学校の特別支援学級および通常学級への就学対象児は，市町等教育委員会の就学指導委員会で審議・判定されることになる。

就学予定の1年前に，各保育所・幼稚園，療育センター等から，来年度就学予定の幼児の中で発達上，気になる対象児を事務局に報告する。

そして事務局では，審議対象児一覧表を作成する。専門の就学指導委員が，実際にその対象児の在籍している保育所・幼稚園等に出向いて，対象児の行動観察や諸検査を実施したり，保護者の相談に応じたり，保育所・幼稚園等の先生や園長の話を聞き取り，就学指導委員会で審議する基礎資料を作成する。

就学指導委員会では年間に数回の審議を経て，最終的に対象児一人ひとりの就学先の判定を行う。この判定結果は，後日保護者にも通知される。

今後は，障害のある児童生徒一人ひとりの教育的ニーズに応じた教育を受けさせる視点が一層重要であり，児童生徒一人ひとりの障害の状態や保護者の意向を把握する必要がある。このため，市町等教育委員会が障害のある児童生徒の就学すべき学校を決定するにあたっては，早期からの教育相談の成果を活用すること等が大切である。

> **学校教育法施行令**
> 第3節の2　保護者及び視覚障害者等の就学に関する専門的知識を有する者の意見聴取
> 第18条の2　市町村の教育委員会は，翌学年の初めから認定就学者として小学校に就学させるべき者又は特別支援学校の小学部に就学させるべき者について，第5条（第6条第1号において準用する場合を含む。）又は第11条第1項（第11条の3において準用する場合を含む。）の通知をしようとするときは，その保護者及び教育学，医学，心理学その他の障害のある児童生徒等の就学に関する専門的知識を有する者の意見を聴くものとする。

また，市町等教育委員会に設置する就学指導委員会が，特別支援学級，「通級による指導」等の教育的支援の内容等について就学先の学校長に助言を行う等によりその機能の充実を図ることも重要である。さらに，市町等教育委員会に設置する就学指導委員会では，必要があれば，通常学級に在籍しながら「通級による指導」を受けることが適当である，または，通常学級に在籍しながら弾力的運用により個別指導も取り入れるようにする，などの意見を付すことが大切である。

図・表7-2　就学に関する手続きの流れ

関係法令	小・中学校	特別支援学校	時期
	障がいのある幼児・児童・生徒の把握　市町等教育委員会		
学校教育法施行令　第2条　学校教育法施行規則　第31条	学齢簿の作成　市町等教育委員会		10月1日
学校保健法施行令　第1条	就学時の健康診断　市町村教育委員会		10月31日（5か月前）
学校教育法施行令　第22条の3	第22条の3に該当しない	第22条の3に該当する	
学校教育法施行令　第11条	小・中学校において適切な教育を受けることができる特別な事情があると認められる場合　市町等教育委員会	県教育委員会へ　特別支援学校への就学を適当とする通知　市町等教育委員会	12月31日（3か月前）
学校教育法施行令　第5条　第14条	保護者へ　入学期日及び学校指定の通知　市町等教育委員会	保護者へ　入学期日及び学校指定の通知　県教育委員会	1月31日（2か月前）

（出典：三重県教育委員会特別支援教育室　2008年，p.18を一部改変）

図・表 7-3　特別支援学校への就学手続きの流れ

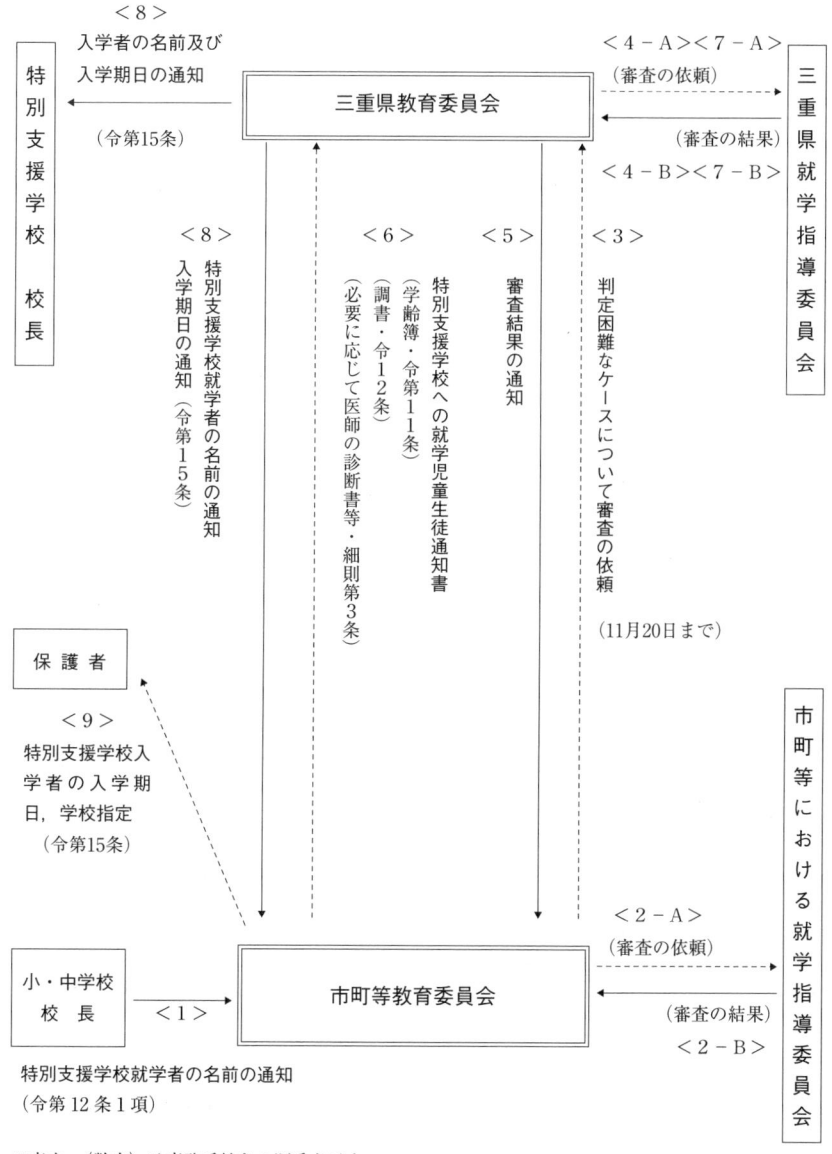

```
                                                          ＜4-A＞＜7-A＞
        ＜8＞                                              (審査の依頼)
       入学者の名前及び                                  
       入学期日の通知      ┌─────────────┐               三
特      ←──────────   │三重県教育委員会│  ←────────   重
別        (令第15条)      └─────────────┘   (審査の結果)   県
支                            ↑  ↑  ↑  ↑    ＜4-B＞＜7-B＞ 就
援                            ＜8＞＜6＞＜5＞＜3＞         学
学                            入 特 (必 (学 (調 特 審 判       指
校                            学 別 要 齢 書 別 査 定       導
校                            期 支 に 簿 ・ 支 結 困       委
長                            日 援 応 ・ 令 援 果 難       員
                              の 学 じ 令 第 学 の な       会
                              通 校 て 第 12 校 通 ケ
                              知 就 医 11 条 へ 知 ー
                              (令 学 師 条 )  の       ス
                              第 者 の    )  就       に
                              15 の 診         学       つ
                              条 名 断         児       い
                              )  前 書         童       て
                                 の 等         生       審
                                 通 ・         徒       査
                                 知 細         通       の
                                    則         知       依
                                    第         書       頼
                                    3
                                    条                (11月20日まで)
                                    )

┌─────┐
│保 護 者│ ←╴╴╴╴╴╴╴╴╴╴╴╴╴╴╴╴
└─────┘
 ＜9＞
特別支援学校入
学者の入学期
日，学校指定
 (令第15条)

                                                          ＜2-A＞
                                                         (審査の依頼)      市
                                                                          町
┌─────┐              ┌─────────────┐                          等
│小・中学校│    ＜1＞    │市町等教育委員会│  ←────────             に
│校  長  │ ─────→    └─────────────┘   (審査の結果)          お
└─────┘                                                   ＜2-B＞   け
特別支援学校就学者の名前の通知                                            る
(令第12条1項)                                                           就
                                                                          学
                                                                          指
                                                                          導
                                                                          委
                                                                          員
                                                                          会
```

※表中，〈数字〉は事務手続きの順番を示す。
　　　　「令」は学校教育法施行令を示す。

(出典：三重県教育委員会特別支援教育室　2008年，p.19を一部改変)

(3) その他就学指導を適切に行ううえで留意すべき事項

　就学指導委員会における調査・審議のプロセスの透明性の向上を図り，就学指導に関して障害のある幼児児童生徒およびその保護者に対して十分な説明責任を果たし，本人や保護者の理解を得ながら就学指導を円滑に進めていくことが重要である。

　たとえば，①希望がある場合は，就学指導委員会において障害のある幼児児童生徒等についてその保護者の意見表明の機会を提供すること，②幼児児童生徒の障害の状態や適切な教育内容等についての調査・審議の内容をわかりやすく適切な方法で本人や保護者に提供すること，③就学指導にあたり，本人や保護者の求めに応じて専門家の意見を聞く機会を提供すること，④就学指導委員会の判断として，特別支援学校又は特別支援学級に就学することが適切な幼児児童生徒であると判断をした理由を本人や保護者に対し明らかにすること，等の取り組みが考えられるが，市町等教育委員会はこうした取り組みを通してできるかぎり就学指導のプロセスにおいて保護者等が適切に関与できるようにすることが重要である。

2　就学に向けた保護者支援

1．わが子を受け入れ，豊かな人生を築いていく

　保護者がわが子に障害があることを知った時，そのショックはあまりにも大きく，戸惑いや混乱，そして到底受け入れることのできない現実に直面する。しかし時間の経過とともに，その事実を徐々に受け入れはじめる。

　どの保護者にとっても，わが子に障害があるという事実は受け入れ難いものであり，心中のさまざまな葛藤を経て，ようやくその子の親になっていく。わが子を真に受け入れていくことは大変時間のかかることである。どのような障害があろうとも，自分の子どもであることには変わりはない。

　たまたま障害があっただけで，同じ一人の人間である。たとえわが子に障害

があったとしても，親として限りない深い愛情を注いで，その成長を温かく見守っていくことが大切である．とくに，母親は生みの親として「自責の念」をもつことがあるが，自分を責めるだけでは問題は解決しない．わが子を受け入れ，その障害と向き合い，与えられた人生をわが子とともに精一杯生き抜くことが求められている．

たとえ障害があったとしても，幸せな人生を築くことは可能である．ここでは，心のもち方や発想の転換，とくに「人生哲学」が求められる．家族に障害のある子どもがいることで，何倍も中身の濃い人生が歩めるかもしれない．人生ははじめから何も決まってはいないのである．自分たちで人生を切り開き，より豊な人生を築き上げていきたい．

2．さまざまな就学先を知る

小学校入学段階での就学先は，次の3つに大きく分けられる．
① 特別支援学校（視覚障害・聴覚障害・知的障害・肢体不自由・病弱）の小学部
② 小学校の特別支援学級（知的障害，自閉症・情緒障害，肢体不自由など7種類）
③ 小学校の通常学級

なお，小学校の通常学級に在籍しながら，言語に障害がある場合などには，「通級指導教室」へ週1回程度通級して言語指導などを受けることもできる．

一般に，子どもの障害の程度が重度の場合には，特別支援学校へ，軽度の場合には，小学校の特別支援学級への就学が望ましい．また障害が軽度の場合であって，通常学級での学習・生活が可能な場合には，小学校の通常学級への就学が考えられる．

また，障害の程度が，「重度と中度の中間にある場合」や「軽度と通常の中間にある場合」などは，専門家でも就学先の判断に苦慮することがあるので，慎重な判断が求められる．就学先は保護者の思いだけによるのではなく，あくまでも特別なニーズをもつ子ども自身の成長・発達を考えて，最良の就学先を

見いだすことに重点がおかれるべきである。

3　体験入学や就学相談会に参加する

　特別支援学校では，就学を翌年度に控えた親子を対象に，月1回の体験入学を実施している。半日あるいは1日，実際の授業に子どもを参加させ，保護者もその様子を見学することで，特別支援学校での学習や生活の様子を知ってもらったり，わが子の就学先として本校がふさわしいかどうかを保護者が判断する機会ともなっている。

　また，一度の体験だけでは判断がしかねる場合には，何度もこうした機会を活用することが大切であり，そうすることで保護者が納得したうえでの就学が可能となるのである。

　体験入学とともに，就学相談会も年に数回設定されている。ほかに，随時電話相談にも応じてくれる。就学に関するさまざまな疑問や心配事について，専門の教員が懇切丁寧に相談に応じてくれる。こうした機会があることを保護者が早くから情報として入手できるように，早期からの情報提供を心がけたい。

　一般に，小学校と比べて特別支援学校の場合には，スクールバスが配備されていたり，校舎の施設・設備も充実していて，何よりも専門の教員が数多く勤務していて，さらにカリキュラムも子ども一人ひとりの教育的ニーズに応じるように特別に工夫されている。ここでは，とくに重度障害や重複障害のある子どもたちが伸び伸びと学校生活を送っている。

　また，小学校でも随時就学相談や学校見学を受け付けているので，子どもの就学先として地元の小学校を考えている場合には，早めに学校へ連絡をして親子で訪問するようにしたい。そして特別支援学級や通常学級の見学および校長先生との話し合いの機会をもつことである。

4　保護者の心情に寄り添う就学相談

　保護者の思いとしては，できれば，わが子を地元の小学校の通常学級へ就学させたいが，知的に少し遅れがあるため，はたして通常学級で不適応を起こさ

ないだろうか，あるいは，学習能力は通常並みであるが，多動性や衝動性が顕著に見られることから，はたして通常学級でみんなと一緒にやっていけるだろうか，など心配は絶えないものである。

　子どもの就学を翌年に控えて，就学先をどこにしたらよいか保護者が悩む姿がしばしば見られる。保護者だけではなかなか決められないことがある。その場合，子どもを普段からよく知る保育所・幼稚園等の教師や園長先生の話をよく聞き，そのアドバイスに耳を傾けることが大切である。また保護者同士が相互に情報交換をしあうことも大切である。

　そのほか，就学指導委員会の相談員や巡回相談員などの専門家にも相談することができるので，その助言に謙虚に耳を傾けるようにしたい。

　とくに，保護者に対する早期からの幅広い情報提供と就学相談が大切であり，一人ひとりの保護者の心情をよく理解したうえで，その心情に寄り添う支援姿勢が求められる。

3 保育所・幼稚園と小学校の連携

1 保幼―小の連携の推進

　これまで幼稚園から小学校へ，すべての子どもについて「幼稚園児童指導要録（指導に関する記録・学籍に関する記録）」が引き継がれてきているが，平成21（2009）年度以降は，保育所から小学校へ「保育所児童保育要録」が引き継がれることになった。このように書式の上では，子どもの指導に関する記録が保育所・幼稚園から小学校へ引き継ぎがなされている。

　保育所・幼稚園によっては，幼保一体化をしている園もあり，保育士と幼稚園教諭の職員同士が相互に交流を図ったり，幼稚園と小学校間の人事交流が2年間をスパンとして実施されていたりと，職員研修の成果をあげているところもある。

　また，今日各市町等で気になる子どもに対して，「途切れない支援」が進め

られている。とくに，発達障害などの気になる子どもについては，各市町等の幼稚園から小学校へ，「個別の教育支援計画」や「個別の指導計画表」，「幼稚園用プロフィール表」などの書式が引き継がれている。

そしてこれらの書式を元に，就学前の年度末の3月に，各地域の幼―小連絡会で，幼稚園と小学校の教師間で，気になる子ども一人ひとりの教育情報に関する引き継ぎが丁寧になされている。

2．保幼―小連絡会の充実

小学校の教員が，来年度小学校へ就学予定の保育所・幼稚園へ，所（園）児の観察に訪問する機会が増えている。そこでは，とくに気になる子どもの行動観察だけではなく，所（園）長や職員の話を具体的に聞くことで，対象児の情報を収集して就学後の支援に生かす試みがなされている。とくに年度末には，前述したとおり，幼―小連絡会が開催され，翌年度就学予定の気になる子ども一人ひとりについての情報を交換し合う場が設定されている。

ただ，このとき参加した小学校の教員が，翌年度対象児の担任教師になるとは限らないことから，ここで話し合われた，気になる子ども一人ひとりの教育情報を翌年度小学校内の新担任教師に，しっかりと伝達していく取り組みが，とくに大切である。また，保育所と小学校間の連絡会の設定については，今後の課題となっているところが多い。

3．研修会の参加や専門家によるアドバイス

今日，特別支援教育の推進に向けてさまざまな研修会の開催などの取り組みが各市町等で行われている。たとえば，次のようなものが挙げられる。

①特別支援教育コーディネーター会議への参加

　この会議は，主に小・中学校のコーディネーターが対象であるが，希望する保育所・幼稚園の担当者も参加ができる。

②保育士研修会

保育士を対象に，地域連携アドバイザーを講師に研修会を開催。

③幼稚園教諭研修会

　　子ども発達総合支援室の職員を講師に，事例検討会を開催するとともに，各園で発達指標を用いた把握が行われている。

④講演会

　　大学教授を講師に迎え，発達障害に関する講演会を実施。

⑤巡回相談員による助言

　　専門家による巡回相談を実施し，保育士・幼稚園教諭および保護者に対して，支援方法等の助言を行う。

　保育士・幼稚園教諭は，こうした自らの専門性を高める機会を積極的に活用するようにしたい。

4　早期からの一貫した就学支援

1．「個別の教育支援計画」について

　「個別の教育支援計画」は，障害のある子どもが地域で生活していくうえで必要な支援を保健，福祉，医療，労働等の各機関等との緊密な連携協力体制のもとで，幼稚園や小学校等の教育機関が中心となって策定されるものである。このことは，地域社会に住む一員として障害のある幼児児童生徒や保護者等の家族一人ひとりが必要としているニーズに対して，地域社会として生涯にわたって必要な支援をしていくことでもある。そのツール（道具）が「個別の教育支援計画」である。

2．「個別の就学支援計画」と就学指導委員会のあり方

　「個別の教育支援計画」の中で，障害のある子どもの就学前から小学校または特別支援学校の小学部への就学後にかかわる支援計画が「個別の就学支援計画」である。この「個別の就学支援計画」は，「個別の教育支援計画」の一部であり，とくに就学への移行期にあたって策定されるものである。

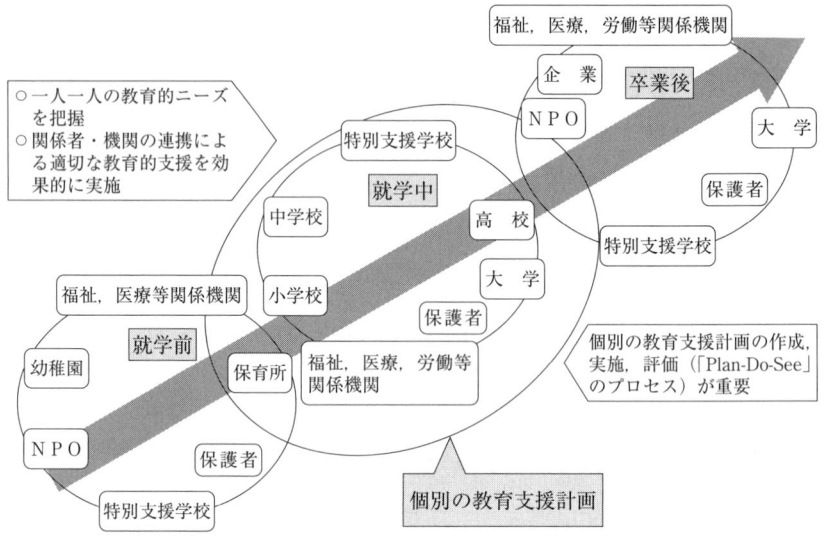

図・表7-4 「個別の教育支援計画」の概要―障害のある子どもを生涯にわたって支援―

○一人一人の教育的ニーズを把握
○関係者・機関の連携による適切な教育的支援を効果的に実施

就学前：福祉，医療等関係機関／幼稚園／NPO／特別支援学校／保育所／保護者

就学中：特別支援学校／中学校／小学校／高校／大学／保護者／福祉，医療，労働等関係機関

卒業後：福祉，医療，労働等関係機関／企業／NPO／大学／保護者／特別支援学校

個別の教育支援計画の作成，実施，評価（「Plan-Do-See」のプロセス）が重要

個別の教育支援計画

（出典：姉崎弘『特別支援教育―「障害特性の理解」から「教員の専門性向上」へ―』〈第2版〉大学教育出版，2008年，p.152）

　この「個別の就学支援計画」の作成にあたっては，各市町等の就学指導委員会で，来年度就学予定の幼児に関して，その就学指導担当者による諸々の情報の収集と就学指導委員会における就学先の判定がまず必要である。

　そのうえで，各市町等の教育委員会が作成した「個別の就学支援計画」の書式に基づいて，年度末までに翌年度就学予定の障害のある幼児をもつ保護者，保育所・幼稚園が相互に話し合いを行い，当該幼児に関する情報や保護者の意向等について記録し，就学後の支援を明確にした「個別の就学支援計画」を作成していくことになる。

　前述のとおり，当該幼児に関しては，就学前に就学先の小学校等の教員が園を訪問して，当該幼児の様子を観察したり，年度末に保育所・幼稚園と小学校との間で，障害のある幼児についての情報交換の機会が設けられている。しかし，このようなことは正式な文書を介したものではない。

　そこで，保護者が安心して子どもを学校に通わせられるように，就学後の4

月中に，就学先の小学校等の担任教師と保護者，校内特別支援教育コーディネーターおよび校長（または教頭）の4者が，引き継ぎのための打ち合わせ会（以下，「就学支援会議」）を，特別支援教育コーディネーターを中心に開催する必要がある。この「個別の就学支援計画」の作成例を図・表7-5に示した。

なお，策定した「個別の就学支援計画」は，個人情報のため，その取り扱いには十分留意する必要がある。就学前に策定した「個別の就学支援計画」は，市町等教育委員会から小学校へ引き継ぎ，新年度小学校に就学後に開催される「就学支援会議」の場において，保護者の了解のもとに開示され，対象児の就学後の支援方針や配慮事項等を検討し合う。そして保護者はもとより新担任教師も対象児の支援方針等について相互に共通理解を図ることが何よりも肝要である。

この就学支援会議開催の後は，学校が責任をもってこれを校内で保管し，担任教師が「個別の指導計画」の作成等に活用するようにする。「個別の指導計画」は，学校の中で障害のある子ども（対象児）が受けるさまざまな教科・領域の授業に関する指導計画（目標・内容・評価等）のことである。また，転学や進学時には，これらの計画は転学・進学先の学校へ引き継ぐことになる。

この「個別の就学支援計画」は，就学前後の指導や支援をスムーズに移行させる重要なツールといえる。これによって，小学校では，就学前の保育所・幼稚園等での指導や支援を継続的に生かした指導や支援を行うことができ，新担任教師にとっても，障害のある児童の指導や支援の計画を作成しやすくなる。見方を変えれば，担任教師を支援するツールともなっている。

就学指導を受ける以前から，障害のある子どもをもつ保護者はさまざまな相談機関や療育機関などを利用してさまざまなアドバイスをもらっている。このことから，乳児期から就学指導にかかる年長の5歳児までの期間に，たとえば，1歳半健診や3歳健診後に障害が疑われる幼児については，市町等として関係機関と連携した「めばえネットワーク」等を立ち上げて保健師による支援ケース会議を開催し，必要な支援内容等を検討しているところも見られる。

こうした早期からの取り組みと実施した支援の内容等を，就学指導委員会の

事務局や小学校等に確実に引き継いでいく，就学前の早期支援システムの体系的構築が，今日的な課題となっている。

3．「個別の就学支援計画」から実際の支援へ

　大切なことは，「個別の就学支援計画」という書式の作成が最終目的ではなく，これが出発点であるということである。特別な支援を必要とする子どもの教育に携わる小学校等の教師は，この「個別の就学支援計画」を基に日々の教育活動等を通じて，実際的に，具体的に，真に実のある意味のある支援をしていくことこそが重要である。

　教師には，特に特別な支援を必要とする子どもや保護者が，これからどのような人生を送ろうとするのか，その一生涯を見通しての正しい理解と的確なサポートが求められる。

　学齢前の乳幼児期には，保護者，とくにいつも本人の身近にいる母親に対する心理的・精神的なサポートが不可欠である。母親をはじめ家族一人ひとりが，子どもの障害を少しずつ受容し，人生を前向きにとらえて生きていけるように支援することが重要である。

　乳幼児期から学校卒業後までの長いライフステージを通じて，各時期に必要にして十分な支援が行える専門性が，今日強く求められている。そのためには，関係機関が緊密に連携し合うとともに，これら特別な支援を必要とする子どもたちや保護者と一緒に長い人生を歩み，さまざまな体験を実際に積むことで，教師としての知見を広げることが必要である。それは，小学校という建物の中だけの教育経験や視点だけでは視野が狭くなりやすく，必ずしも十分な支援ができないからである。

　したがって，「個別の就学支援計画」を実質的に実のあるものにするためには，特別な支援を必要としている子どもとその家族の「生涯にわたっての発達や課題」などについての豊かな幅広い見識をもつことが大切である。

　そのためには，教師自身が障害のある幼児のいる家庭や保育所・幼稚園の行事等にこまめに足を運び，「継続的な良き出会いと交わり」の機会を持ち続け，

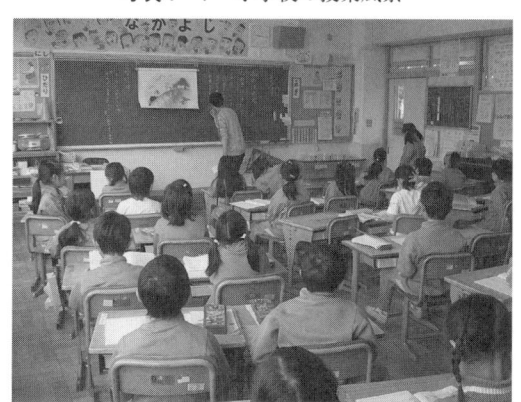

写真 7-1　小学校の授業風景

障害のある子どもとその家族に対する正しい理解に努め，本人や家族に対する的確な支援の仕方を学び取るよう，たえず努力することが求められているといえよう。

4．「個別の就学支援計画」の作成例

　図・表 7-5 は，ある幼稚園に在籍している ADHD の診断がなされている 5 歳児（A 男）の「個別の就学支援計画」の作成例である。以下，その内容を

紹介する。

　幼稚園では，怒ることが見られたが，少しずつ減ってきている。検査結果は，知能は平均であるが，同時処理が継時処理よりも有意に高く，とくに，視覚的処理能力（視覚的認知力）に強く，聴覚的記憶力（言語の記憶・理解力）に弱さが認められる。

　就学先は，小学校の特別支援学級（自閉症・情緒障害児学級）で，医療機関の受診が2週間に1回あり，てんかん発作とイライラを抑える薬を服用している。

　家族の希望・配慮としては，「できるだけ通常学級で一緒に学習させたい。本人が納得できないとパニックになるが，そっと放っておくとそのうちおさまる。はじめての環境（新しい教室・担任）には，とても緊張するので，慣れるまで見守ってほしい」である。

　幼稚園からの希望・配慮としては，「日によってむらがある。月曜日はとくに調子が悪い。遊びや体育などの勝負の勝ち負けにとてもこだわる。負けた時には，自分の気持ちを抑えるのに時間がかかる。行事は，事前に日時や内容を知らせておく」である。

　小学校で必要と思われる支援場面や支援内容としては，「学習面では，聴覚認知が弱いことから，主に視覚的な提示方法（絵カードや文字カード）を用いると理解しやすい。事前に，とるべき行動を視覚的に予告してあげると行動しやすい。算数は，同じ問題を繰り返し学習させると定着しやすい」である。

　休み時間などのトラブルは，本人が落ち着いたところで，トラブルの経緯をマンガにして図式化して示し，繰り返し丁寧に説明することで，理解を促し納得させるようにする。本人がイライラしたり，パニックになった時は，本人がクールダウンできる静かな教室等があるとよい。

　さらに具体的支援として，「家庭生活」，「学校生活」，「余暇・地域生活」，「医療機関」，「その他」の各領域について記入し，小学校へ引き継ぐ。小学校では，入学後早い時期（4月）に，特別支援教育コーディネーターが世話役になり，担任教師と保護者を交えた「就学支援会議」を開催し，保護者と学校側

図・表7-5 「個別の就学支援計画」の作成例

本人のプロフィール				記入者（○○就学指導担当者） 策定日：200Y年3月末	
氏名：○○○○男・女		障害名 ADHD		生年月日　平成　　年　　月　　日	
保護者名				家族構成　本人他　　　連絡先 TEL.	
幼稚園での生活面（担当教師：○○○○）				心理検査の結果	
以前は怒って職員室に来ていたが，今は比較的怒ることが減り安定してきた。クラスのまわりの子どもたちが本児を配慮して，そっとしておいてくれたり，適切な声を掛けてくれたりするので，イライラが減ってきた。イライラしても，他人には当たらず自分で押さえて（5～10分）から集団に戻ってくる。				K-ABC（200Y.○○実施） 全 IQ＝95　平均 同時処理＞継時処理（有意差1％）視覚的処理能力に強く，聴覚的記憶力に弱い。	WISC-Ⅲ（200Y.○○実施） 全 IQ＝101　平均 言語性 IQ＝86　動作性 IQ＝118　視覚的認知力が高く，言語の記憶・理解力が比較的低い。
小学校の生活面・学習面での希望や配慮		就学先		医療機関からの情報	
本人の希望・配慮 ・友達といっしょに活動をしたい。 ・授業時間はやることがわかっているからいいが，休み時間は友達関係など不安である。		小学校の特別支援学級 （情緒障害）		治療方針・授業 2週に1回受診。脳波検査を1年に1回受けている。てんかん波あり。セレニカを夕方1回服用している。	
家族の希望・配慮 ・普通の子どもといっしょに活動したいので，できるだけ普通クラスに入れてどうしても難しかったら個別に取り出して障害児学級で指導して欲しい。 ・本人が納得できないとパニックになる。次の授業への切り替えに時間はかかるが，そっと放っておくとそのうち収まる。 ・始めての環境（教室・担任の交代）に，とても緊張するので慣れるまで見守ってほしい。				
幼稚園からの希望・配慮 ・日によってむらがある。月曜日は調子が悪い。朝からつまらない様子の時もある。誘いかけても日によって来ない時と受け入れる時がある。 ・遊びや体育などの勝負の勝ち負けにとてもこだわる。負けた時には，自分の気持ちを押さえるのに時間がかかる。 ・行事は前もって日時や内容をきちんと知らせておく。急な予定変更があるとすぐには受け入れられず，時間が必要である。				
小学校で必要と思われる支援場面や支援内容				
・学習面については，聴覚入力が弱いので主として視覚的な提示方法（絵カードや文字カード）を用いると理解しやすい。事前にとるべき行動を視覚情報も活用しながら予告してあげると行動しやすい。算数は同じ問題を5回繰り返すと理解できる。 ・休み時間など，友達との間でトラブルが起こりやすい。トラブルの経緯を紙上で図式化して示し，丁寧に説明して理解を促し納得させる。体育などのルールで，負けるとカッとなり座り込んだり，ものに当たったりどこかへ行ってしまうが，放っておくとじきに落ち着く。物事のルールを守ることの大切さを，本人が納得いくまで，わかりやすく繰り返し教えていく。 ・イライラしたり，気持ちが興奮してパニックになった時などは，本人がクールダウンできる静かな教室等があるとよいと思われる。				
具体的支援				
家庭生活	学校生活	余暇・地域生活	医療機関	その他
夕食の手伝いをする。英会話や剣道に通う。父親とトランプなどのゲームをする。好きな映画やビデオは心が落ち着くので時々鑑賞するとよい。	視覚に訴えるわかりやすい学習方法をとる。次にやることを具体的に指示する。少し時間はかかるが集団（社会生活）のルールを丁寧に説明して分からせる。	土日は剣道をする。自分から体を動かして発散させるようにする。約束すれば友達と遊べるが，マイペースになりやすく，友達が本児に合わせてくれる。	○○○○医院へ通院。 （主治医：○○） セレニカを服用し，てんかん発作やイライラを押さえている。	3月にブロックの幼・保・小学校の合同交流会で，本児の就学先の小学校教師に配慮点を知らせ，担任に引き継がれる予定。できる・できないにもの凄く敏感。本人ができる状況をつくり，できたことを褒めるようにする。
備考欄　就学支援会議の結果（担任教師記入欄） （開催日時）　　　（協議内容・支援方針等）				
確認欄　（✓点）　　特別支援教育コーディネーター□　　担任教師□　　保護者□				

(出典：姉崎弘　特別支援教育―「障害特性の理解」から「教員の専門性向上」へ―〈第2版〉大学教育出版，2008年，p.155)

※　表7-1，表7-2，表7-3の各事例は，個人情報保護の観点から，一部事実関係を変えて記載した。

が対象児の教育について共通理解に立った支援の方針を確認し合うことが大切である。そして，学校と家庭が連携協力しながら対象児の支援を行っていくのが望ましい。

　Ａ男の保護者は，Ａ男が小学校入学後，「個別の就学支援計画」をもとに，特別支援教育コーディネーターや担任教師とＡ男の学校での支援方針について話し合いの機会をもった。その後，Ａ男は特別支援学級で，支援方針に基づいて個別的な指導・配慮を中心に適切な支援を受けたことで，次第に自分の情緒をコントロールすることを学び，4年生の時には通常学級の在籍に変わった。その後，とくに問題は起きていない。

5．就学後のフォローアップ

　障害のある子どもの就学支援は，小・中学校に入学後も引き続き行われる必要がある。たとえば，就学指導委員会で，特別支援学級入級がふさわしいと判定された子どもが，保護者の強い要望で通常学級に入級したような場合，一般にその子には特別な配慮と支援が必要となる。

　子どもの学習面での理解や行動面での対人関係など，学級担任一人では十分に対応できない状況が生じやすいと考えられるからである。そのような場合には，校長以下全教職員が連携協力した全校体制を築き，子どもにきめ細かく対応していく工夫・努力が求められる。

　障害のある子どもの就学支援は，小学校へ就学させたらそれで終わりではない。小学校入学後の学校生活を楽しく，有意義なものにしていくためにも，市町等の教育委員会の指導主事等が，定期的に小学校を訪問して，障害のある子どもの学校での適応状況を調査し，必要があれば，適宜小学校の担任教師等に対してアドバイスしたり，指導したりすることが必要である。このように小学校入学後も，その子どもの指導経過を観察し，必要に応じて，担任教師や保護者への支援も含めて就学後のフォローアップをしていくことが大切である。

　また就学後，子どもの指導体制等の変更が必要であると判断された場合，たとえば，当初は小学校の通常学級に在籍したけれども，学習の理解が難しかっ

たり，あるいは多動傾向が顕著に見られる場合などには，保護者と小学校側が子どもの適応状況をよく観察し共通理解したうえで，柔軟に指導形態にT-T指導や個別指導を取り入れることが大切である。

　それでも指導が困難な場合には，最終的に保護者が納得のうえで在籍を通常学級から特別支援学級に変更するのが望ましい。ただこのように在籍を途中変更する場合には，子ども本人が挫折感を体験することがあることから，できれば，就学の段階で子ども自身に無理をさせないで，はじめから特別支援学級を選択した方が賢明であった場合が多々見受けられる。

トピックス3：病弱「医療的ケアを必要とする重症心身障害児について」

病室での「訪問教育」からリフトバスで「本校通学」へ

　K君は総合病院の小児科病棟のナースステーションの真向いの病室（個室）で生活していました。

　約8畳ほどの病室にベッドを中央にして，テレビや人工呼吸器，痰の吸引器，さまざまなチューブを付けた機器があり，トーキングエイドと手鏡がベッドの枕元に常に置かれていました。特別支援学校の訪問教育の授業（週3回，1回2時間）は，母親が来ている時にベッドサイドで行いました。

　K君の病気が，マルチコア病という，いわゆる筋肉の難病で，主に顔面や呼吸器系の筋肉に障害があらわれるものでした。K君はこの病院で生まれました。出生時は，仮死状態で，左大腿骨骨折（分娩時外傷），そして脳委縮が認められました。

　生後1年以内に，多くの合併症が見られました。そして2歳の時に，呼吸不全になり気管の切開を行って，人工呼吸器を装着するようになりました。その後，ベッドで寝たきりの生活を余儀なくされました。

　食事は，経管栄養で1日5回，1回に2時間くらいをかけてチューブで栄養のある流動食を食べています。口腔および気管内の痰の吸引が5分に1回くらいの頻度で必要でした。また，ベッドサイドで，理学療法士によるリハビリ訓練が週に3回行われていました。

K君は，生まれてから一度もこの病棟から出たことがありませんでした。ここが彼の治療の場であり，生活の場であり，学習の場になっていました。病院では，特別支援学校への入学を半年後に控えて，K君の意思表示を促そうと，主治医や看護師たちがトーキングエイドの指導に力を入れました。

K君は言葉を発することはできませんでしたが，トーキングエイドを利用することで，少しずつ1語文で自分の意思を伝えられるようになりました。

その後，K君は重症心身障害児施設（以下，「重症児施設」）に移り，リフトバスに乗って年間に数回のスクーリングを経て体力がつき，訪問教育籍から本校籍に替り，重症児施設から特別支援学校の本校へ通学できるまでになりました。毎日看護師さんの付き添いのもと，校外学習の遠足にも元気に参加できるまでになり，体験の幅が大きく広がりました。

わが国では，障害の重度・重複化が進み，重度障害幼児の通園する「療育センター」や肢体不自由の「特別支援学校」を中心に，1985（昭和60）年頃より，痰や唾液の吸引，酸素吸入，気管切開部の管理，経管による栄養物の注入および導尿などの，いわゆる医療的ケアを必要とする幼児児童生徒が在籍するようになり，その人数は年々増加する傾向にある。

たとえば，三重県では，「養護学校における医療的バックアップ体制の在り方についての実践的研究」に取り組み，2005（平成17）年度は特別支援学校（肢体不自由，病弱，知的障害・肢体不自由併設）計7校で実施してきた。

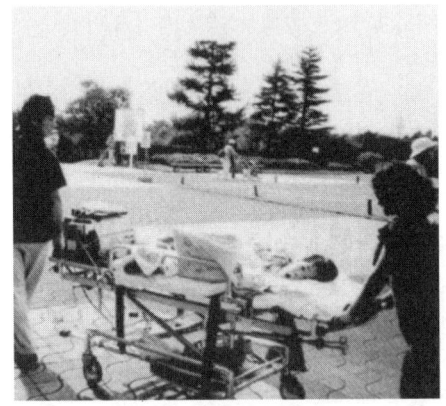

ストレッチャーに乗っているK君　　　　トーキングエイド

（出典：姉崎弘『特別支援学校における重度・重複障害児の教育』〈第2版〉大学教育出版，2009年，p.194, 198）

看護師資格を持たない教員が実施できる「日常的・応急的手当」(以下「手当」) の範囲を定めて，看護師を学校内の業務補助職員として採用し，保護者からの手当実施の依頼に基づき，手当を実施する教員 (1名の児童生徒に対して複数名の教員) が諸々の医学的専門研修を積み，保護者の同意を得て，担当の主治医および看護師の指導・助言のもとに手当を協働して実施している。

教員が実施できる「日常的・応急的手当」は次の3点である (国の標準を遵守)。

①咽頭より手前の吸引
②咳や嘔吐，喘鳴等の問題のない児童生徒で，留置されている管からの注入による経管栄養 (胃ろう・腸ろうを含む)
③自己導尿の補助

(姉崎　弘)

演習問題

A. 障害のある幼児の就学に関する制度，就学指導委員会の役割，「個別の就学支援計画」の中から1つ取り上げ，その特徴についてまとめてみよう。
B. 障害のある幼児の就学に際して，保育所・幼稚園と小学校とが，どのように連携すべきかを考えてみよう。
C. 障害のある幼児をもつ保護者一人ひとりの心情に寄り添いながら，保育士あるいは幼稚園教諭として，どのように就学に向けて支援すべきかを考えてみよう。

■■■■ 引用・参考文献

■1章

バウアー, T. G. R. 鯨岡峻（訳）1982 ヒューマン・ディベロップメント：人間であること人間になること ミネルヴァ書房（Bower, T. G. R. 1979 *Human Development*. W. H. Freeman and Company）

藤永保・斎賀久敬・春日喬・内田伸子 1987 人間発達と初期環境—初期環境の貧困に基づく発達遅滞児の長期追跡研究 有斐閣

Kuhl, P., Tsao, M. and Liu, M. 2003 Foreign-language experience in infancy: Effects of short-term exposure and social interaction on phonetic learning. *Proceedings of the National Academy of Sciences*, 100 (15), 9096-9101.

■2章

Bridges, K. M. B. 1932 *Emotional Development in Early Infancy Child Development*. 3. 324-341

Erikson, E. H. 1959 *Identity and the Life Cycle Psychological Issues* 1 (1) New York: International Universities, Monograph 1. 小此木啓吾（訳）1973 自我同一性 誠信書房

刑部育子 1998 「ちょっと気になる子ども」の集団への参加過程に関する関係論的分析 発達心理学研究9 1-11.

浜田寿美男 1994 ピアジェとワロン ミネルヴァ書房 67.

橋本俊顕（編著）2008 脳の形態と機能で理解する自閉症スペクトラム 診断と治療社

橋本俊顕 2009 自閉症，アスペルガー障害の理解と支援 発達障害早期介入・支援ハンドブック 鳴門教育大学特別支援教育専攻 1-10.

本郷一夫 2005 「気になる」幼児とは 月刊言語34 (9) 大修館書店 42-49.

国立特殊教育総合研究所（編著）2005 「拡大教科書」作成マニュアル ジアース教育新社

厚生労働省 平成12年乳幼児身体発育調査報告書

厚生労働省 2006 平成18年身体障害児・者実態調査結果（http://www.mhlw.go.jp/toukei/saikin/hw/shintai/06/index.html）

丸尾敏雄 2004 エッセンシャル眼科学 第7版 医歯薬出版

七木田敦（編著）2008 キーワードで学ぶ障害児保育入門 保育出版社 28, 110.

ピアジェ, J. 滝沢武久・佐々木明（訳）1970 構造主義 白水社（Piaget, J. 1968 *Le Structuralisme*. Universites de France）

ロゴフ, B. 當眞千賀子（訳）2006 文化的営みとしての発達 新曜社（Rogoff, B. 2003 *The Cultural Nature of Human Development*. Oxford University Press）

櫻井茂男・大川一郎 1999 しっかり学べる発達心理学 福村出版

Scammon, R. E. 1930 The Measurement of the Body in Childhood. Harris, J. A. Jackson, C. M. and Scammon, R. E. (Ed.) *The Measurement of Man*. University of Minnesota Press 171-215.

簗島謙次・石田みさ子 2000 ロービジョンケアマニュアル 南江堂

鳥居修晃（編）1993 視覚障害と認知 放送大学教育振興会

ヴィゴツキー, L. S. 柴田義松（訳）2001 新訳版：思考と言語 新読書社（Vygotsky, L. S. 1987 Thinking and Speech. Problem of General Psychology. *The Collected Works of L. S. Vygotsky*. New York: Plenum Press）

ヴィゴツキー, L. S. 柴田義松・宮坂琇子(訳) 2006 ヴィゴツキー障害発達・教育論集 新読書社
ワロン, H. 浜田寿美男（訳編） 1983 身体・自我・社会―子どものうけとる世界と子どもの働きかける世界― ミネルヴァ書房
渡部信一 2001 障害児は「現場（フィールド）」で学ぶ―自閉症児のケースで考える― 新曜社
ウィング, L. 久保紘章・佐々木正美・清水康夫(監訳) 1998 自閉症スペクトル：親と専門家のためのガイドブック 東京書籍（Wing, L. 1996 *The Autistic Spectrum: A Guide for Parents and Professionals*. Constable and Company Limited）
ジグラー, E.・ホダップ, R. M. 清水貞夫・小松秀茂（訳）1990 ジグラー学派の精神遅滞論 田研出版（Zigler, E. and Hodapp, R. M. 1986 *Understanding Mental Retardation*. Cambridge University Press）

■3章

浜谷直人 2005 統合保育における障害児の参加状態のアセスメント 首都大学東京人文学報. 教育学 40. 17-30.
石井正子 2008a 障害児保育における保育の形態―介助員方式とTT方式― 日本保育学会第61回大会発表論文集 478.
石井正子 2008b 幼稚園における統合保育導入に伴う課題と対応―F幼稚園での実践をとおして― 昭和女子大学学苑 812. 41-55.
石井正子 2009 統合保育に関する保育者の認識―保育経験及び障害児担任経験が与える影響の分析― 昭和女子大学大学院生活機構研究科紀要18 51-64.
河内しのぶ・浜田裕子・福澤雪子 2005 統合保育の現状について―K市の保育施設へのアンケート調査より― 産業医科大学雑誌27（3） 279-293.
鯨岡和子 2009 障害のある子どものケース会議 よく行われている障碍児保育ケース会議の問題点 鯨岡峻（編）最新保育講座15 障害児保育 ミネルヴァ書房 141-146.
中田洋二郎 2002 子どもの障害をどう受容するか 大月書店
田中康雄 2009 障害児保育を医療の観点から考える 障害のある子の保護者の思い 鯨岡峻（編）最新保育講座 ミネルヴァ書房 60-63.

■4章

アメリカ精神医学会 高橋三郎・大野裕・染矢俊幸（訳）2002 DSM-Ⅳ-TR 精神疾患の分類と診断の手引 医学書院
藤野博・森正樹・大伴潔 2010 特別教育研究費事業 小1プロブレム研究による生活指導マニュアル作成と学習指導カリキュラムの開発 小1プロブレム研究推進プロジェクト報告書 182-193.
厚生労働省 2008 保育所保育指針
森正樹 2008a 特別支援教育における教師の課題解決と協働を促進するコンサルテーション―巡回相談における生産的なカンファレンスの検討―宝仙学園短期大学紀要33 7-16.
森正樹 2008b 保育の場におけるカンファレンスの進め方 本郷一夫（編著）シードブック障害児保育 建帛社 123-137.
森正樹 2010 保育・教育現場の主体的課題解決を促進するコンサルテーションの研究―特別支援教育巡回相談の失敗事例の検討から―宝仙学園短期大学紀要35 39-49.

■5章

Drotar, D., Baskiewicz, A., Iravin, N., Kennell, J. H. and Klaus, M. H. 1975 *Pediatrics* 56. 710-717.

Durand, V. M. 1990 *Severe behavior problems: A functional communication training approach.* The Guilgord Press.

藤原里佐　2002　障害児の母親役割に関する再考の視点─母親のもつ葛藤の構造─　社会福祉学43-1　日本社会福祉学会　146-154.

Germain C. B. and Gitterman, A. 1996 *The Life Model of Social Work Practice.* 2nd ed. Columbia University Press

要田洋江　1999　障害者差別の社会学─ジェンダー・家族・国家─　岩波書店

Klaus, M. H. and Kennel, J. H. 1982 *Parent-infant Bonding.* C. V. Mosby（竹内徹・柏木哲夫・横尾京子(訳)　1985　親と子のきずな　医学書院）

三木安正　1969　精神薄弱教育の研究　日本文化科学社

夏堀摂　2003　障害児の「親の障害受容」研究の批判的検討　社会福祉学44-1　日本社会福祉学会　23-32.

新川泰弘　1999　集団適応が苦手で固執性の強い境界線幼児，K-ABCアセスメント研究１．日本K-ABCアセスメント研究会　115-123.

新川泰弘　2004　障害をもつ子どもと家族に対する援助技術　横井一之・吉弘淳一（編）　保育ソーシャルカウンセリング─家族への援助　建帛社

新川泰弘　2006　協働ソーシャルワーク研修システムの構築を目指して─障害のある子どもの実践研究・研修の取り組みを通して─　三重中京大学短期大学部論叢44　三重中京大学短期大学部学術研究会　39-48.

新川泰弘　2007　障害のある幼児の母親における障害受容の検討─療育参加前後の心理・社会的側面を中心に─　第22回日本保健医療行動科学会学術大会　日本保健医療行動科学会

O'Neill, R. E., Horner, R. H., Albin, R. W., Sprague, J. R., Storey, K. and Newton, J. S. 1997 *Functional assessment and program development for problem behavior: A practical handbook.* Pacific Grove, CA: Brooks/Cole

Parten, M. B. 1932 Social Participation among Preschool Children. *Journal of Abnormal and Social Psychology.* 27. 243-267.

■6章

藤井茂樹　2003　特別支援教育と発達支援システム　発達障害支援システム学研究3, 1. 31-37.

藤井茂樹　2008　育ちによりそう　就学支援　七木田敦・安井友康(編著)　事例で学び，実践にいかす障害者福祉　保育出版社　48-50.

本郷一夫(編著)　2008　障害児保育シードブック　建帛社

石川由美子　2008　関係機関との連携・協力のあり方　本郷一夫(編著)　障害児保育シードブック　建帛社　138-151.

海津敦子　2008　「障害」のある子を育てる　そだちの科学10　日本評論社　87-91.

厚生労働省（編）　2007　平成19年度版厚生労働白書　ぎょうせい

厚生労働省　2007　児童相談所運営指針

厚生労働省　2008　保育所保育指針

厚生統計協会（編）　2007　国民の福祉の動向　291-292.

松井剛太　2005　統合保育における自閉症児の模倣に関する研究　中国四国教育学会教育学研究紀要　50　249-254.
文部科学省　2008　幼稚園教育要領
無藤隆・神長美津子・柘植雅義・河村久（編著）　2005　幼児期におけるLD・ADHD・高機能自閉症等の指導―「気になる子」の保育と就学支援　東洋館出版
七木田敦（編著）　2008　キーワードで学ぶ障害児保育入門　保育出版社
恩田仁志　2005　就学支援編3-③　小学校・関係諸機関との連携　無藤隆・神長美津子・柘植雅義・河村久編著　2005　幼児期におけるLD・ADHD・高機能自閉症等の指導―「気になる子」の保育と就学支援　東洋館出版　210-213.
田中容子　2007　特別支援教育コーディネーターに必要な知識と資質　児童心理61（12）　金子書房　27-32.
渡部信一　2001　障害児は「現場（フィールド）」で学ぶ―自閉症児のケースで考える―　新曜社

■7章
姉崎弘　1998　人工呼吸器をつけた重症児の訪問教育―病院から重症児施設に入所したK君の歩み―　養護学校の教育と展望　110. 40-43.
姉崎弘ほか　2007　特別支援教育における就学指導委員会の在り方に関する一研究―「個別の就学支援計画」の策定・引継ぎを中心に―　三重大学教育学部附属教育実践総合センター紀要27. 57-61.
姉崎弘　2008　特別支援教育―「障害特性の理解」から「教員の専門性向上」へ―　第2版　大学教育出版
姉崎弘　2009　特別支援学校における重度・重複障害児の教育　第2版　大学教育出版
三重県教育委員会特別支援教育室　2008　就学指導の手引
七木田敦（編）　2008　実践事例に基づく障害児保育―ちょっと気になる子へのかかわり―保育出版社

■■■さくいん■■■

▶あ行

愛着行動　44
アスペルガー障害　43
アセスメント　54, 58, 128
医療的ケア　179
インテーク　120
ヴィゴツキー（Vygotsky, L. S.）　46
ウィング（Wing. L.）　43
運動機能の発達　28
ADHD（注意欠陥／多動性障害）　18, 92
絵カード　40
エクソシステム　136
エコロジカルな視点　131
エリクソン（Erikson, E. H.）　42
LD（学習障害）　18
演繹的　105
延滞模倣　28

▶か行

学習障害（LD）　18
学校教育法施行令　163
学校教育法第17条　159
カナータイプ　43
感音性難聴　38
感覚運動期　28, 45
環境剥奪　22
環境要因　131
カンファレンス　108, 116
キーパーソン　126, 152
帰納的　105

基本的生活習慣　66
教育的ニーズ　134, 168
共感　116
協調運動　43
共通見解（コンセンサス）　13, 81, 109
協働　80
極低出生体重児　32
クールダウン　100
具体的操作期　46
クラス　67
傾聴　11, 96, 116
軽度発達障害　76
ケース会議　61
言語療法士　125
高機能自閉症　18, 43
厚生労働省　5
行動観察　10, 60
校内委員会　21
広汎性発達障害　43
コーディネーター　151, 152
国際生活機能分類　2
5歳児健診　57
個人情報　110
子育て　156
子どもの専門家　148, 150
個別の教育支援計画　18, 170, 171
個別の指導計画　21, 86, 90, 98, 170
困り感　88
コミュニケーション機能　48
コンセンサス（共通見解）　13, 81, 109
こんにちは赤ちゃん事業　55

▶さ行

最近接発達領域　47, 49
サポートファイル　152
シェマ（schema）　46
支援仮説　79, 80
支援ニーズ　59
支援の手だて　104
支援方法　59
支援目標　59, 104
耳音響放射（OAE）　38
視覚機能　35
視覚的構造化　39, 43
自己肯定感　93, 95
自己効力感　93
自然的発達　47
自尊感情　16, 19
自尊心　95
実態把握　10
児童相談所　140
児童デイサービス　139
指導法　21
自閉症スペクトラム　41, 42
社会資源　128
社会性　12
弱視　36
就学基準　160
就学義務　159
就学指導委員会　161, 162, 166, 169, 171
就学相談　168
就学手続き　161
重度・重複障害児　6
自由保育　3
手話　39
巡回相談　142
巡回相談員　169, 171

巡回相談型健康診査　142
障害，障がい，障碍　1
障害児保育　3
障害受容　58, 122, 123, 124, 125
障害の告知　54
障害の程度　161
状況的学習論　149
象徴遊び　28
職員間の一貫性　13
職員研修　169
職員内の一貫性　13
新生児聴覚スクリーニング検査　37
身体意識　28
身体発育曲線　32
心理的サポート　125
睡眠障害　43
スキャモンの発達曲線　31
図と地の分化　35
スモールステップ　50
生育歴　60
生態学的モデル　136
生得的反射　28
生理的早産説　27
セルフモニタリング（self-monitoring）　98
潜在的ニーズ　95
前操作期　45
専門機関との連携　104
早期発見　54
ソーシャルサポートネットワーク　156
ソーシャルワーク　130

▶た行

胎児期　25
ダウン症候群　54

短期目標　128
担任　67
注意欠陥／多動性障害（ADHD）　18, 92
中長期目標　128
聴覚　37
聴覚障害特別支援学校（聾学校）　38
聴覚の発達　37
聴性脳幹反応（ABR）　38
治療教育　22
通園施設　138
通級指導教室　167
通級による指導　163
通常学級　167
TEACCH　39
DSM-Ⅳ-TR　92
丁寧な保育　15
転移　49
伝音性難聴　38
典型発達　25
統合保育　3
トーキングエイド　180
特別支援学級　167
特別支援学校　141, 167
特別支援教育　17, 133
特別支援教育コーディネーター　14, 92, 141, 170, 173
特別な支援ニーズ　58

▶な行

難聴　39
二次障害の予防　93
二次的障害　54
乳幼児　9
認定就学者　160, 161
ネットワークづくり　75

ノーマライゼーション（normalization）　3

▶は行

ハイリスク　32
バウアー（Bower, T. G. R.）　6
発達　5
発達検査　10, 26, 62
発達支援システム　144
発達指数　63
発達障害　56
発達障害者支援法　77
発達段階論　45
発達年齢　63
バリアフリーデザイン　40
反応性愛着障害　45
ピアジェ（Piaget, J.）　28, 45
被転導性　93
独り立ち　7
複数担任制　70
プロフィール　63, 64
ブロンフェンブレンナー（Bronfenbrenner, U.）　136
文化的発達　47
分離不安　22
保育カウンセラー　14
保育カンファレンス　13, 14, 58, 79, 80, 81, 109
保育記録　81
保育記録の整理シート　82, 84
保育巡回相談　99
保育所児童保育要録　169
保育所保育指針　101, 104, 133, 134
保育的対応　148, 149
保育の目標　61
訪問教育　179

ボウルビィ（Bowlby, J. M.）　44
ボキャブラリースパート　7
保健センター　138
保護者支援　119, 166
保存概念　29

▶ま行
マイクロシステム　137
マクロシステム　136
メゾシステム　136
文部科学省　5

▶や行
ユニバーサルデザイン　40

幼稚園教育要領　133, 134
幼稚園児童指導要録　169
幼稚園用プロフィール表　170
予期不安　93
予防的な観点　93

▶ら行
ライフステージ　144, 145, 174
ラポール　127
療育　53
連携　133, 153

▶わ行
ワロン（Wallon, H.）　47

[執筆者] （執筆順）

七木田　敦（ななきだ・あつし）	編著者　広島大学大学院教育学研究科教授	1章
高原　光恵（たかはら・みつえ）	鳴門教育大学大学院学校教育研究科准教授	2章
岡花祈一郎（おかはな・きいちろう）	広島大学大学院教育学研究科助手	2章
石井　正子（いしい・まさこ）	昭和女子大学人間社会学部初等教育学科専任講師	3章
森　　正樹（もり・まさき）	埼玉県立大学保健医療福祉学部准教授	4章
新川　泰弘（にいかわ・やすひろ）	三重中京大学短期大学部准教授	5章
松井　剛太（まつい・ごうた）	編著者　香川大学教育学部准教授	6章
姉崎　　弘（あねざき・ひろし）	三重大学大学院教育学研究科教授	7章

[編著者紹介]

七木田　敦（ななきだ・あつし）
　1984年：横浜国立大学教育学部卒業，同大学大学院教育学研究科修了，西オレゴン州立大学大学院修了，広島大学大学院教育学研究科博士課程修了。兵庫教育大学学校教育学部助手，広島大学学校教育学部助教授，同大学大学院教育学研究科教授。
　現在：広島大学大学院教育学研究科附属幼年教育研究施設教授。
　専門・研究：発達障害，幼児教育学。
　主な著書：『保育そこが知りたい！気になる子Q＆A』（編著，チャイルド社，2008），『キーワードで学ぶ障害児保育入門』（編著，保育出版社，2008），『事例で学び，実践にいかす障害者福祉』（編著，保育出版社，2008），『進化する子ども学』（共著，福村出版，2009）『はじめての特別支援教育—教職を目指す大学生のために—』（共著，有斐閣，2010）など

松井　剛太（まつい・ごうた）
　2002年：広島大学学校教育学部卒業，同大学大学院教育学研究科博士課程前期・後期修了。広島大学大学院教育学研究科附属幼年教育研究施設助手，香川大学教育学部講師。
　現在：香川大学教育学部准教授。
　専門・研究：発達障害，幼児教育学。
　主な著書：『実践事例に基づく障害児保育—ちょっと気になる子へのかかわり—』（共著，保育出版社，2007）『キーワードで学ぶ障害児保育入門』（共著，保育出版社，2008），『事例で学び，実践にいかす障害者福祉』（共著，保育出版社，2008）など

保育・教育　実践テキストシリーズ
障害児保育　保育実践の原点から未来へ

2011年2月25日　初版第1刷発行

〈検印省略〉

編著者 ⓒ　七木田　敦
　　　　　松井　剛太
発行者　　大塚　栄一

発行所　株式会社　樹村房　JUSONBO

〒112-0002　東京都文京区小石川5丁目11番7号
　　　　　電　話　(03) 3868-7321
　　　　　FAX　　(03) 6801-5202
　　　　　振　替　00190-3-93169
　　　　　http://www.jusonbo.co.jp/

印刷・亜細亜印刷／製本・愛千製本所
ISBN978-4-88367-176-2　乱丁・落丁本はお取り替えいたします。

保育・教育 実践テキストシリーズ

Ａ５判・平均180頁，Ｂ５判・平均150頁　各巻定価1,995円〜

既刊・近刊書　　　　　　　　　　　　　　　　　☆は既刊

■今日の社会では，子どもを取りまく環境の変化に伴い多様な保育サービスが求められている。また，改めて人間形成における保育・幼児教育の重要性が指摘されている。本シリーズは，それらに応えるべく内容として，これから保育者をめざす人へ向け，基礎理論を実践と結びつけながら平易に解説する。各巻が編者の確かな視点で構成・編集された，学びの指針となるようなテキスト群である。

☆**教育原理**　　　　　　　　　　　広田　照幸・塩崎　美穂　編著
　　―保育実践への教育学的アプローチ―
　教育心理学　　　　　　　　　　秋田喜代美・高辻　千恵　編著
☆**児童福祉**　　　　　　　　　　　柏女　霊峰・伊藤嘉余子　編著
　　―子ども家庭福祉と保育者―
☆**社会福祉援助技術**　　　　　　　柏女　霊峰・伊藤嘉余子　編著
　　―保育者としての家族支援―
　保育者論　　　　　　　　　　　無藤　　隆・岩立　京子　編著
　家族援助論　　　　　　　　　　庄司　順一・鈴木　　力　編著
　幼児教育課程総論　　　　　　　松井　とし・福元真由美　編著

樹　村　房